数字化生活新趋势

108招玩转快手

互联网研究专家 郑俊雅 —— 著

電子工業出版社
Publishing House of Electronics Industry
北京·BEIJING

编辑说明

◎为了客观呈现新媒体的“真实面貌”，对于一些当前十分流行但不符合出版规范的网络用语，本书采用语义相近的词语进行替代。

◎为了真实呈现互联网语境下的语言表达习惯，书中的部分内容，特别是在新媒体中常用的各种形象化词汇，尽可能“原汁原味”地保留约定俗成的表达方式，文中不再赘述。

快手带来的光荣与梦想

感恩这个伟大的时代！

以前，人们无法想象“发布一些视频或者做一些直播就能改变命运”，但这在今天变成了现实。这得益于各大短视频平台的迅速崛起。

面对短视频平台的风起云涌，很多人还处于迷茫或措手不及的状态中。因为，平台太多、榜样太多、选择太多，而时间有限、资源有限、精力有限。

如何在众多短视频平台中，找到适合自己风格的、能够发挥资源优势的平台，是短视频创业的第一步。然而，迈出这一步，谈何容易。

在短视频创业的过程中，人们一般会遇到两大难题：一是选错了平台，一切投入和努力最终付诸东流；二是选对了平台，却因为不得其法，如盲人摸象，“各执一端”，越继续越迷茫。

笔者深入研究互联网营销十多年，作为国内短视频营销最早的研究者之一，在各大短视频平台的“粉丝”（账号的关注者）总量达1 000

多万。基于长期的实践，笔者深知各大短视频平台的优势、劣势、风格、文化和“游戏”规则。

快手是短视频平台中的佼佼者，很多人在这里收获了快乐、知识、惊喜和财富，它是一个温暖的、多赢的、充满希望和商机的平台。

面对优秀的平台，我们如何把握机会？一些人感到迷茫，是因为这些人没有全局观。一些人半途而废，是因为这些人没有抓住每个阶段的战略重点。一些人无法做大，是因为这些人没有打造出一个良性循环的系统。

不以其道，行之不远。

那么，什么是短视频营销的道、法、术？

本书将从思维、养号、作品、价值、创意、涨粉、信任、感动、热门、大号、直播和电商十二个角度与读者分享快手短视频的运营经验和创业经验，每一个角度都蕴含短视频创业的道、法、术，环环相扣，相辅相成，几乎缺一不可。

当我们准备大展拳脚时，我们需要有全新的思维。不要用其他平台的思维来“做快手”（经营快手账号或在快手平台创业），因为快手有自己独特的文化和“游戏”规则。当我们投入足够的热情和时间去研究快手时，我们就能拥有自己独特的“快手思维”。

快手之旅，从“养号”（培养账号权重）开始。养号，正是观察、研究和探索快手的过程。在这个过程中，我们将逐步厘清平台与自己的关系、他人与自己的关系、账号与视频的关系、作品与热门的关系、视频与直播的关系……

认真养号之后，我们的作品将获得越来越多的推荐流量。作品包括视频、图片、文字和音乐等。只有优秀的作品，才能赢得足够多的推荐流量。若想持续、稳定地创作优秀的作品，我们需要找到适合自己风格和优势的专有模式。

作品只是形式，价值才是关键。如果把作品比喻为饺子，那么，价值就是里面的馅料。

不断地创造价值、输出价值和分享价值，而且将全新、独特的创意融合到价值中，那么，我们的账号将吸引越来越多的粉丝关注。

事实上，很多人不是某个人的粉丝，而是某个人持续创造的价值的粉丝。粉丝的本质，是人们对价值的追随。

一个人关注了我们的账号，并不代表他就愿意购买我们的产品。我们必须赢得他的信任。真诚坦荡、敢于付出、艰苦朴素、愿意吃亏以及优雅却不高高在上，这些素质，将帮助我们赢得人们的尊重。

每天，心怀善意，感恩时代，感恩平台，全身心地发现和感悟生活的美好，我们将收获越来越多的感动。将这种感动融入我们每天的视频创作和直播分享之中。与此同时，用足够震撼的价值和态度，去感动粉丝，那么，我们的作品将赢得更多的点赞、评论、转发和推荐流量。

当我们的作品足以感动别人时，离上热门就不远了。然而，并非每个优秀的作品都能上热门。因此，我们必须持续地创作感人的作品。

因为，一旦某个作品上热门，它将从不同维度带动和影响我们的全部作品。当我们的作品上热门时，我们要分析它的成功要素，并以此作为参考，来推出更加优秀的作品。

当我们能够持续、稳定地输出高质量视频时，“大号”（影响力较大的账号，有时亦指此类账号的负责人）的基础就奠定了。成为大号，意味着我们将承担更多的责任。成为大号，意味着我们不能辜负粉丝对我们本身和作品的期望。

当我们打造出自己的大号时，进行直播就会效果显著（足够的人气、打赏、互动和订单）。当然，也有很多人是直接从“小号”（影响力较小的账号）开始做直播的。在快手上，有很多小商家直播卖货的成功案例，直播间在线人数只有十几人，但一场直播下来，能卖货千元以上。这种实实在在的效果，在很多平台上是难以实现的。当我们找到自己的直播风格、精通各种直播功能并且懂得与其他大号强强联合时，日销千单、万单的目标就指日可待了。

当我们通过直播获得一定的收入之后，我们可以将部分收入投入作品的付费推广上，这样，我们的账号将吸引越来越多的粉丝关注。这些新关注我们的人将让我们的直播人气越来越高。高的人气，将带来高的销量。快手电商之路，就是作品质量、推荐流量、直播人气和电商订单量螺旋式上升的过程。

在这个过程中，我们将深刻地感受到时代和快手带来的恩典。这也是很多快手账号的简介上写着感恩话语的原因之一。

读到这里，读者或许能更加深刻地理解，原来本书阐述的十二大环节（思维、养号、作品、价值、创意、涨粉、信任、感动、热门、大号、直播和电商）环环相扣，彼此赋能，缺一不可。

然而，无论我们对短视频平台有多精通，我们都始终不应忘记，心怀善意、心怀感恩、真诚付出、艰苦朴素和坚持不懈，才是真正助我们走向成功的关键因素。

从现在开始，让我们携手共进，一起尝试着站在更高的地方，以全新的视野和热情，去把握与感受快手带给我们的光荣和梦想。

目录
CONTENTS

第一部分 思维篇

第 001 招　用快手的思维来做快手 / 002

第 002 招　找一个温暖、丰富及充满机会的平台 / 005

第 003 招　同样的付出，是要暗自凋谢，还是要惊艳怒放 / 008

第 004 招　不是比颜值，而是比谁更加“放得开” / 011

第 005 招　优秀的平台，让很多人有路可走 / 014

第 006 招　快手带来的商机，是环环相扣的 / 017

第 007 招　你是“All in”，还是观望试探 / 020

第 008 招　不破不立，原来快手这么好玩 / 023

第 009 招　立足现有资源，放眼快手数亿日活带来的蓝海 / 026

第二部分
养号篇

第 010 招　养号是为了获得后期的精准推荐 / 030

第 011 招　养号，就是向平台表明你的态度和定位 / 032

第 012 招　养号的十六个实战技巧 / 033

第 013 招　蹲得越低，未来你将跳得越高 / 035

第 014 招　养号的同时，通过观看大量视频来厘清思路 / 037

第 015 招　优秀的账号，懂得尊重平台的游戏规则 / 040

第 016 招　在游戏规则之内，做一个卓尔不群的账号 / 042

第 017 招　适合做账号矩阵的情况 / 044

第 018 招　在快手上创业，先“热起来”，再“富起来” / 046

第三部分
作品篇

第 019 招　你怎么知道别人不喜欢你 / 050

第 020 招　你无法做出震撼人心的作品，是因为你有后顾之忧 / 053

第 021 招　优秀的选题才能乘势而起，切勿闭门造车 / 055

第 022 招　你怎样对待作品，粉丝将怎样对待你 / 057

第 023 招　狠抓视频制作技术，玩透快影核心功能 / 059

第 024 招　优秀的作品，往往是在高度匹配的场景中演绎的 / 061

第 025 招　预告与连载，让观众对你的作品充满期待 / 064

第 026 招　用工匠精神打造问心无愧的作品 / 066

第 027 招　“形散而神不散”，切忌千篇一律 / 069

第四部分
价值篇

第 028 招　在高速发展的平台上，成为更好的自己 / 072

第 029 招　远高于常人的“输入”，才会有高端震撼的“输出” / 075

第 030 招　以成全之心，做一个内心“带有花园”的人 / 077

第 031 招　用恰到好处的方式分享价值 / 079

第 032 招　每天都给粉丝带来价值和惊喜 / 081

第 033 招　借力于第三方，让利于第三方 / 083

第 034 招　价值必须通过多个角度来体现 / 086

第 035 招　“有恒产者有恒心，无恒产者无恒心” / 088

第 036 招　在快手上创业，就是要打造良性循环系统 / 090

第五部分

创意篇

第 037 招　放空心灵，让灵感自然涌现 / 094

第 038 招　“操千曲而后晓声，观千剑而后识器” / 096

第 039 招　制作一张越来越庞大的创意思维导图 / 098

第 040 招　让创意贯穿作品、互动、直播间和快手小店 / 100

第 041 招　视频创意，需要不断迭代和优化 / 102

第 042 招　“无用之用”，你无法猜透每一个创意道具的价值 / 105

第 043 招　心怀善意，你的创意才有价值 / 107

第 044 招　“勿意、勿必、勿固、勿我” / 109

第 045 招　打造自己的创意小组，或者加入优秀的创意圈子 / 111

第六部分
涨粉篇

第 046 招　只有 1 万粉丝，有人却做到了月收入数万元 / 114

第 047 招　你为粉丝准备了什么超级惊喜 / 116

第 048 招　作品推广，一个如此神奇的功能 / 118

第 049 招　一个作品上热门之后，将带动全部作品 / 121

第 050 招　热门助推功能带来的强大效果 / 123

第 051 招　作品上热门，你的账号真的准备好了吗 / 125

第 052 招　找到转化率最高的那个视频，大胆追加广告投入 / 127

第 053 招　直播间“秒榜”，有所为，有所不为 / 130

第 054 招　拥有百万粉丝和千万粉丝的账号，都有这些特点 / 133

第七部分
信任篇

第 055 招　你是想“割韭菜”，还是想“培养参天大树”　/ 136

第 056 招　珍惜每一个粉丝的关注，“你若不离，我必不弃”　/ 138

第 057 招　粉丝的支持与“流量爬坡”　/ 140

第 058 招　视频和直播对产品的信任背书　/ 142

第 059 招　直播间中的契约精神，是你“远走高飞”的基础　/ 144

第 060 招　日更、日播、周更和周播，培养粉丝忠诚度　/ 146

第 061 招　因为相信你，所以粉丝不断追随和复购　/ 149

第 062 招　不是为了崇拜而崇拜，要带着粉丝一起成长　/ 151

第 063 招　不断优化和升级“人设”，不忘初心，开拓创新　/ 153

第八部分 感动篇

第 064 招　如果不能触动心灵，你就无法留住粉丝 / 156

第 065 招　前三个视频只有 100 人观看，你能否耐得住寂寞 / 158

第 066 招　直播间只有十几个粉丝时，是锻炼控场能力的好时机 / 160

第 067 招　只有极致的作品，才能感动观众 / 162

第 068 招　活在感动中，才能持续创作出令人感动的作品 / 164

第 069 招　让美与感动在你的作品中流露 / 166

第 070 招　短视频的奇迹，从感动自己的那一天开始 / 168

第 071 招　提高短视频创业的成功率 / 170

第 072 招　趁年轻，去完成一个壮举，无愧于粉丝 / 172

第九部分

热门篇

第 073 招　一个“神评论”，或许就能让视频上热门 / 176

第 074 招　用好数据助手的功能，让视频更容易上热门 / 178

第 075 招　分析作品数据，对热门视频了如指掌 / 182

第 076 招　“最受欢迎”与“可能会火”两大功能助你上热门 / 184

第 077 招　想上热门，必须同时重视关注页、发现页和同城页 / 186

第 078 招　让观众和人工智能算法同时“爱上你” / 189

第 079 招　你只管努力，其他的交给“天意” / 191

第 080 招　巧妙用好直播，帮助作品上热门 / 194

第 081 招　视频上热门之后，注意流量的高效运用 / 196

第十部分
大号篇

第 082 招　大号的背后，都是魄力和付出 / 200

第 083 招　成就大号，需要长远心 / 202

第 084 招　玩转快手，比的是谁更真诚和更愿意付出 / 204

第 085 招　找到与众不同的成长公式，快速螺旋式上升 / 206

第 086 招　私域流量，“不负平台不负卿” / 209

第 087 招　通过发现页管理好私域流量 / 212

第 088 招　不断放大账号的价值 / 214

第 089 招　懂得分钱，才有人愿意跟你走得更远 / 216

第 090 招　现在做大号还来得及吗 / 219

第十一部分 直播篇

第 091 招　直播这样预热，流量稳步上升 / 224

第 092 招　巧妙的广告投放，让直播间人气飙升 / 226

第 093 招　直播付费推广，如何让观众留下来 / 228

第 094 招　主播的自我修炼是增加收入的根本前提 / 231

第 095 招　做一个与众不同的主播，让观众心悦诚服 / 234

第 096 招　做好充足的准备，让你的直播惊喜连连 / 237

第 097 招　设置好“直播心愿”，让收入翻倍 / 239

第 098 招　用好“离线挂榜”功能，让直播间更受“土豪”欢迎 / 241

第 099 招　两个神秘功能，能够帮你增加收入和粉丝数量 / 243

第十二部分
电商篇

第 100 招　传统电商，与其遍体鳞伤，不如华丽转身 / 246

第 101 招　那些爆单的电商，大多数都这么运营 / 249

第 102 招　快手小店的一些运营思路 / 252

第 103 招　快手知识付费带来的蓝海 / 254

第 104 招　性价比高是销量稳定的根本原因 / 257

第 105 招　要对得起客户的每一分钱 / 259

第 106 招　谁说卖家不能唱歌跳舞 / 261

第 107 招　借船出海，借梯登高，快人一步 / 263

第 108 招　在快手创业，如何快速变现 / 265

第一部分

思 维 篇

第001招 用快手的思维来做快手

只有深入研究一个平台一段时间（时间长度因人而异）以后，我们才能真正了解这个平台。

许多人喜欢浅尝辄止。在他心血来潮时随手拍摄几个视频发布到短视频平台，发现播放量惨淡以后，便望而却步。

还有一些人喜欢用自己在其他平台的思维，去运营一个全新的平台，最后发现，不同的平台风格迥异，自己“水土不服”。

优秀的互联网创业者大多秉持着这样一个原则：经营某个平台，就全身心地热爱这个平台，并投入足够多的时间、精力和成本去把平台的规则研究透彻。

不要从表面去给一个平台定性。如果你研究过其他短视频平台，当你打开快手时，或许会觉得里面很多视频的封面与主题有些凌乱，然而，这正是快手的奇妙之处。

打开快手，你会发现顶部有关注页、发现页和同城页选项卡。任何一个页面，都可以同时展现4～6个视频（视频有竖屏的、横屏的和正方形的）。当用户滑动屏幕时，可以看到更多的视频。

这种丰富的展现模式，让用户有了足够多的选择机会。用户可以根据视频封面的图像、主题、色彩等进行选择。因此，用户观看的视频，大多是自己比较感兴趣的。这正是快手上的点赞率（点赞量除以播放量）远高于其他平台的原因之一。

其他主流的短视频平台，推荐页和关注页大多只展示一个视频，用户没有足够多的选择机会，因此，他们会不断地观看平台推荐的视频。如果平台不推荐你的视频，那么，你的视频做得再优秀，也毫无意义。

当你明白了快手与其他平台的不同是因为它尊重用户使用习惯以及尽量提供更多的展现机会给视频创作者时，你就会爱上这个平台。

爱上了，可能就会一发不可收拾。

你会发现，你的视频在关注页、发现页和同城页都有很多展现机会，而且，这种机会是公平的、稳定的、良性的。

快手有着普惠的算法规则，无论你是“草根”（普通人）、网络红人（以下简称网红）、明星或是创业者，你都能在这里获得公平的机会。你的付出越多，收获也越多。

请你尽量不要说“我之前在其他平台怎样，其他平台是怎样的”这种话，因为，你或许一直以来都被其他平台表面的繁荣所迷惑着，以致于你付出了很多，但依然一无所获。

快手就像肥沃的土壤，它表层朴素，内里却蕴藏着巨大的生机。

第002招 找一个温暖、丰富及充满机会的平台

如果你是个人创业者，你可以专心经营好一个平台。如果你有一个小团队（5人左右），你可以选择两三个平台同时经营。如果你有几十名员工，你可以进行多平台经营，每个视频都做到多平台发布。

短视频创业最怕的是自己起早贪黑、付出很多，最终却沦落为某些平台的“打工者”，投入与产出失衡。

如果你在某些平台发布视频，95%的流量都依赖于平台的推荐，那么，你很难获得可持续发展的机会。因为，那些平台会根据自己的需要来选择是否推荐你的视频。这个时候，你是被动的。人一旦陷入被动的困境，就无法充分绽放内在的光芒。

我不知道你是否在某些短视频平台有过这样的经历：刚开始时，你

满腔热情，后来却越做越迷茫。你与某些平台的规则“打交道”久了，你就会发现，你的机会多或少与平台创始人的胸怀和格局有关。如果他们自私，那么，你的机会就会越来越少；如果他们豁达，你的机会才会越来越多。快手，基于其创始人豁达的胸怀，会给你越来越多的机会。

快手很受创业者的欢迎。很多人在这里收获了实实在在的成果。相对于其他短视频平台来说，快手有很多特点，以下是其中一部分：

- 很多时候，关注页和同城页的流量高于推荐页。
- “老铁”（兄弟或好朋友）文化，让快手平台充满人情味。
- 用户在选择视频过程中，不是盲目地刷新，而是略带停顿地、带着思考地选择自己喜欢的视频。
- 用户自主选择想要观看的视频，能让用户对视频创作者的印象更加深刻。
- 快手的付费广告平均价格是其他主流短视频平台价格的 1/3 左右。
- 其他主流短视频平台的付费广告起步价是100元，而快手的起步价是几元。
- 快手的付费广告有“助推功能”（如果你的视频质量很高，在投放广告的同时，能够免费获得更多推荐流量）。

- 账号可以申请开通知识付费功能，可以发布付费直播和付费课程。
- 直播间有强大的“秒榜”（直播间送礼物，进入排行榜）功能、“PK”（主播之间人气的较量）功能和“愿望”（主播在直播之前，设置自己在本次直播中希望获得的礼物数量）功能等。
- 你的粉丝有很大的概率在关注页重新看到你的视频。
- 快手小店在账号主页展示，看起来更加明显和大气。
- 快手的算法规则比较稳定，不会像其他平台那样频繁地对账号进行降权或限流。
- 快手视频和直播间的互动率都很高。
- 人气很低的直播间，依然有成功的卖货案例。
- 快手用户更加务实和正能量。
- 用户不需要整天想着如何把流量吸引到微信上，因为快手本身的用户黏性很强，转化率也很高。

第003招 同样的付出，是要暗自凋谢，还是要惊艳怒放

很多人有在各大短视频平台发布视频的经历，发着发着就放弃了。为什么呢？因为，如果那些平台不给创作者推荐流量，创作者的视频就无法获得足够多的展示机会。

你很可能会说："如果之前吸引了很多粉丝，那么，他们也是会看到的呀！"

在其他主流短视频平台上，粉丝再次刷到你的视频的概率会越来越低。

这个时候，你可能还会说："那也没关系啊，付费投广告就行了。"

问题在于，那些平台的广告费很高，转化率很低。

因此，视频如果得不到平台的推荐，创作者就会陷入困境。

在短视频创业中，最重要的问题之一就是如果平台不给你推荐流量，你能否通过主动的方式低价或者免费地获得流量。

在快手，我们是可以通过以下方式主动地获得流量的：

- 在快手上创建粉丝交流群，视频发布之后，可以把视频分享到交流群中。
- 粉丝有很大概率能在自己的关注页中看到你的视频。
- 你可以在好友的直播间连麦（直播间中的语音通话）、PK或“秒榜”，好友可以引导新观众（观众包括已经关注账号的观看者和未关注账号的观看者，新观众一般指后者）去关注你的账号或观看你的视频。
- 购买作品推广服务，将广告投放在关注页、发现页和同城页上，花几元钱就可以进行投放。
- 付费广告带来的点赞、评论和转发，很有可能帮助你的优秀作品上热门。
- 付费广告带来的评论，你要认真地、及时地回复，你的视频将获得更多的推荐。

- 你可以选择点赞率最高的视频，购买付费广告。这些广告吸引来的观众，可能会观看你的其他视频并发起点赞、评论或转发。他们的这些行为，能够帮助你的其他视频上热门。
- 在直播间引导观众观看你的某些视频。
- 购买直播推广服务，一个人气（一个人进来你的直播间）的价格是 1 快币（相当于 0.1 元人民币）起，你可以引导观众关注你的快手账号。
- 直播时，你可以邀请观众“点亮红星”（双击直播间屏幕，给直播间点赞）。直播间获赞量越大，获得推荐的机会越大，在关注页和同城页等的排名越靠前。
- 直播时，可以发“分享红包”（观众把直播间分享到其他社交平台或发给好友，就有机会获得红包奖励）。
- 购买作品推广服务时，页面上会显示“历史最佳”和“可能会火”的两个视频，可以帮助你精准投放，大量节省广告开支。

第004招 不是比颜值，而是比谁更加“放得开”

曾经有人说：“自媒体和短视频平台发展到今天，足以承载任何人的任何一种才华，关键在于，你是否真的有才华。”

如果你认为只有颜值高的人才能玩转短视频平台，那么，你就大错特错了。颜值高的确能够给短视频加分。但是，粉丝关注你，往往不是因为你的颜值高，而是缘于你长期输出的内容和价值。

当然，网络上也有很多“颜值控”，但是，如果没有有价值的内容，那么，那种关注大部分都是短暂的。

诗人吴桂君在《喜欢一个人》中写道：“始于颜值，陷于才华，忠于人品。”

粉丝关注你的账号，同样遵循以上原则。

粉丝长期追随你，往往是因为你的才华和人品。

一个人的才华若被充分地绽放和展示出来，就会给人一种“放得开”的感觉。

在“放得开”方面，你可以参考以下建议：

- 当你想通过某种形式来拍摄视频时，一开始，你会有一种“不敢豁出去”的感觉。那么，你不妨试一次。试过一次之后，你就会找到乐趣。
- 笔者有一位朋友，一开始不敢通过直播分享创业经验。在笔者多次鼓励下，他尝试了一次，从此一发不可收拾，坚持每天直播2小时。
- 你要养成拍摄的习惯，前期可以只拍摄，不上传，方便自己反复观看和练习。
- 拍摄多了，你就能找到感觉。你会爱上对着镜头的那种感觉。
- 尝试着透过手机摄像头去观察世界，你会发现，世界变得很奇妙。
- 不要自我设限。例如，你现在是电商，你希望通过快手直播来卖货。然而，前期的粉丝数量不足，直播效果一般。这时，快手推出了音乐人计划，每天对于音乐人有总共1 000万次的流量支持。如果你曾经很热爱或擅长唱歌，那么，你前期就可以拍摄一些唱歌的视频，借助快手的音乐人计划快速地吸引粉丝，积累最原始的粉丝基数，而后，将唱歌的才华融入你的电商直播和视频拍摄中。

✌如果你曾经有某方面的特长，后来因为某些原因逐步放下或放弃了，那么，你现在可以冷静地想一想：如果在快手平台上，有足够多的人愿意给你掌声，那么，你是否有勇气重新展示你的特长？

第005招 优秀的平台，让很多人有路可走

“我们不打算变现。”

“前期，我们没有什么资金压力。”

“做这个账号，我们的目的不是为了赚钱。”

“做这些视频，我们只是为了赢得更大的名气，仅此而已。”

笔者在跟一些其他短视频平台上的创作者们交流时，他们经常这样说。他们说出这些话时，看起来特别骄傲。他们似乎羞于谈钱，并觉得自己现在含辛茹苦付出的一切，未来总有一天会一次性获得巨额的回报。

一个平台，如果大量的大号都无法赚到钱，那么，创作者们就会默认“这是正常的，可以理解的”。但他们不知道的是，付出同样的努力，

很多人在快手平台已经稳步获得了收入。快手的创作者们在交流时，会务实地、自然地、轻松地交流通过短视频和直播赚钱的事情。

投入如果无法转化成产出并获得收益，那么，在追加投入时，你就会有资金压力或心理压力。当然，如果你有雄厚的资金支持，则另当别论。

让创作者们从短视频和直播中获得收益，以便拿出一部分资金继续追加投入，可以不断地优化视频创作、直播卖货和电商变现的流程，进而形成良性循环。只有这样，我们才能看到短视频创业的意义。

那么，在快手平台上，如何尽快赚钱呢？

- 从自己的兴趣和优势出发，找到最合适的短视频创作方向，而后，使用快影等 App 拍摄和制作视频，前期坚持每天发布 1～3 个优质视频。
- 每个视频发布之后，马上购买几元钱的作品推广服务。广告投放完毕，你将获得该视频完整而清晰的数据报告。
- 根据上面的数据报告，找到“最受欢迎”和“可能会火”的视频，继续追加广告投入，可以每次投放 8 元左右，逐步观察，再适当追加投入。当然，如果你有足够多的资金，可以把这个广告投入放大 100 倍或者 1 000 倍。

- 当你发现某个视频特别受欢迎（投入一定的广告费就能吸引足够多的粉丝）时，你就可以大胆地追加投入。
- 通过上面几步，你将快速吸引到1万粉丝。这个时候，你就可以开始直播了。
- 直播之前，找到适合自己销售的爆款产品（实体产品或虚拟课程），然后开通快手小店，把产品发布到快手小店上。
- 开始直播后，在直播间人气最高的时候，尝试卖货。记住！为了让自己尽快出单，前十单的客户，你要尽量赠送他们更多礼物。这个过程能够帮助你快速找到快手电商卖货的感觉。
- 如果你通过直播获得了一定的收入，那么，你可以继续追加优秀视频的广告投入。

第006招 快手带来的商机，是环环相扣的

发现商机最好的方法之一，就是多观察别人的成功案例，看看别人是在哪些环节上抓住商机的。

在快手上，每天都有很多主播通过直播间大量出货。一场 2 小时的直播下来，一般来说，小主播（10 万粉丝以内）可以成交 10～100 个订单，中主播（10 万～100 万粉丝）可以成交 100～1 000 个订单，大主播（100 万～5 000 万粉丝）可以成交 1 000～50 000 个订单。

上面的数据源自笔者日常对各大直播间的观察所得，具体的订单数量，会因为主播能力、产品质量和促销奖励的不同而不同。

为了不断提高订单数量，快手平台上的卖家可以从以下角度进行优化：

- 开通快手小店，发布视频时，嵌入商品链接。
- 开通知识付费功能，发布视频时，嵌入课程链接。
- 已经嵌入商品链接的视频，如果转化率高，可以不断地追加广告投入。
- 丰富产品品类或课程品类。当然，你也可以专注做好一款爆款产品。
- 研究同行的快手小店订单总数，当发现优秀的榜样时，则研究对方是通过哪些视频嵌入商品链接的，同时，也要进入他的直播间，学习他的卖货策略。
- 为了提高直播间的成交量，需要不断地优化流程。例如，自己讲还是邀请同事、嘉宾一起讲？人气最高的时候，介绍什么产品？人气下跌的时候，发多少钱的分享红包合适？
- 哪些商品需要设置优惠券，设置多少钱的优惠券？
- 凡是添加了优惠券的商品，其名称前面都会有一个“券”字。
- 当你在直播间中的表现良好时，就会有粉丝不断地给你“送礼物”（赠送虚拟币，其可以兑换为人民币）。
- 当有人给你刷“穿云箭”（价格288.8元的虚拟礼物）时，你和平台会各得一部分，剩余的一部分，系统会将它奖励给直播间里的相关粉丝。正在某些相关性很强的直播间里的用户，会自动收到一个提示，内容是“隔壁直播间有人赠送了穿云箭”。这些用户点击这个提示，就可以直接来到你的直播间。

- 当你把快手 App 介绍给好友，有人因为你的介绍而注册了快手账号时，很多时候，你可能会获得一定量的作品推荐流量的奖励。
- 当你开通了快手商家号，购买作品推广服务时，往往能够获得一定的折扣。

快手带给我们的商机是环环相扣的，并且这些商机是普惠的。在这里，有钱人可以获得商机，普通人也可以获得商机；大号可以获得商机，小号也可以获得商机。最令人感动的是，这些商机之间相辅相成，形成一个良性的循环，不断地滚动，不断地发展，不断地给我们带来惊喜。

第 007 招

你是“All in”，还是观望试探

傅盛提出的战略三部曲是预测、破局点、“All in”（全部押进自己的筹码）。

将这个战略三部曲运用到短视频创业的分析上，我们会发现很多有趣的地方。

在众多的短视频平台中，哪一个最适合你？哪一种视频形式最适合你？什么形式的直播最适合你？什么样的场景（城市舞台或农村田野等）最适合你？什么样的产品最适合你？什么样的促销战略最适合你？什么样的广告模式最适合你？

当你认真思考了以上问题时，你的短视频创业之路就会变得越来越清晰。那么，在整个流程中，破局点（最核心的关键点）是什么？

以快手电商为例，笔者认为，中小企业做好短视频创业的破局点是打造极致的、备受欢迎的专业视频。

专业视频，是指你的视频必须围绕你的定位、优势和兴趣来制作。极致的视频，是指你的专业视频的质量必须远高于同行。备受欢迎的视频，是指你的视频必须经得起快手和粉丝的考验。

当你高效地把握或解决了这个破局点时，你的短视频创业就会变得越来越顺利：

- 能够吸引精准的粉丝。
- 粉丝的热情互动能够帮助你的视频上热门。
- 你在直播间中的分享和销售更容易促成订单成交。
- 有了收入，你就能够源源不断地提供广告资金。
- 你有资金去不断优化视频的质量。
- 新的广告投入让视频更容易上热门。

当你突破了这个破局点时，恭喜你，你可以不断地投入更多的时间、精力、人力和资金来放大这个流程带来的成果。

这个时候，你是“All in”还是试探观望？

相信很多人会说，如果真的能够带来收益，我当然是“All in”。

问题在于，如果一开始你就是以试探观望的态度来研究短视频创业的，那么，你将难以快速地找到真正的破局点。

因此，笔者认为，对于短视频创业而言，傅盛提出的战略三部曲中的预测、破局点和“All in”，是相辅相成的。创业者执行这三部曲后所带来的效果，是呈螺旋式上升的。

- 在预测中，找到破局点，并以“All in”的态度执行正确的战略。
- 找到破局点之后，继续深度预测，并更进一步强化“All in”的态度。
- 有了“All in”的态度，预测变得更加准确，破局点变得更加清晰。

第 008 招 不破不立，原来快手这么好玩

当你跟一些短视频大咖（指在某个领域里比较成功的人）交流“专注什么短视频平台”时，有一部分人会马上告诉你：“哦，我们不玩快手，我们玩的是某某平台。”

他们说这种话的时候，似乎无比骄傲。那种感觉，就好像大城市的某些年轻人，说起自己所在城市的名字时，总是高高在上的。造成这种状况的原因是，某些人喜欢生活在信息茧房之中，自我设限。

笔者想说一句：如果你连快手都不玩或者玩不好，那么，你还算短视频大咖吗？

为什么说快手好玩呢？

✌你可以根据你的优势，在关注页、发现页和同城页吸引精准流量。

✌如果你是做本地生意的，那么，你可以在直播间中使用方言进行直播。

✌你可以通过快手分享你的整个创业过程，每一天都拍摄一个视频，或者每一个关键时刻都拍摄一个视频，让粉丝们真实地看到你的进步。

✌在快手，你可以做最真实的自己，不需要整天戴着“面具”。你不需要打扮得花枝招展，也不需要“装”得遥不可及，做好你自己就行。没有人会嫌弃你土里土气。你只要结合自己的资源优势，把自己的特长充分地展示出来就好。

✌你不需要过于苛刻地要求自己所有视频的风格统一，你偶尔也可以发一些生活化的小片段，只要“万变不离其宗”就行。

✌快手的算法规则比较稳定，你不用整天担心账号被降权或限流，不用像在某些短视频平台时整天“疑神疑鬼”。

✌很多粉丝愿意一直见证你的成长和发展，他们会以力所能及的方式支持你。

✌直播间的粉丝团，在你开播时，会第一时间收到通知。他们对你的支持，能够迅速影响其他新人。

- 直播间可以设置想要屏蔽的关键词，当某些“不速之客”故意说出负能量的话语时，如果触及你设置的那些关键词，那么将无法显示，方便你更加专注地直播。
- 在快手，你和大网红是平等的。只要你用心经营好自己的账号，维护好粉丝，你的视频就能够获得稳定的流量支持。
- 每一个精准粉丝的价值都很高，因此，你的广告投入效果会高于很多平台。
- 你不用整天想着去第三方平台“刷赞、刷评论和刷粉丝”，这里的账号都很真实。
- 你不用担心自己的家乡经济不够发达、公司不够豪华、房子不够漂亮，这里的人们不追求崇拜和梦幻，而是追求真实和感动。
- 你不用担心自己孤军作战，在快手，你可以找到很多志同道合的人。
- 只要你坚持拍摄优秀的视频，当你购买作品推广服务时，将有很大的概率获得免费助推。

第009招

立足现有资源，放眼快手数亿日活带来的蓝海

快手，有着惊人的日活。日活，是指每日活跃的用户数量。

如果你是一个追梦人，你有着雄才大略或兴趣特长，却因为自己的圈子太小，长期找不到知音，得不到支持和鼓励，那么，你可以把你的才能以视频的形式分享到快手上。快手是一个足够大的平台，这里卧虎藏龙，人才济济，定有赏识你才华的“老铁”。

如果你是经营实体店的，无论你的店铺处于什么地段，你的店铺每天平均的人流量都是可以预估的。但是，如果你立足于实体店，并把店铺的各种产品、服务、故事和活动以视频的形式发布到快手上，那么，只要你的视频足够优秀，快手上的无数用户都将是你的潜在客户。

当然，在投放同城页广告时，可以嵌入实体店定位，或者在作品中嵌入能够标明地理位置的图片或视频。这样，有助于更多同城客户认识你的店铺。

如果你要投放广告，你就必须确保视频富有价值或创意，这样，才能提高账号的关注率和商品的购买率。

如果你是连锁店的总部管理者，却苦于招商困难，那么，你可以把你店铺最火爆的销售场面拍摄下来，并以视频的形式分享到快手上。在快手平台上，每天都有大量的用户在寻找各种优秀的项目。

如果你经营着一家大公司，想在网络上更好地宣传公司，那么，你可以让每个员工都注册一个快手账号，然后激励他们每天都拍摄一个视频，内容可以是办公室的温馨一幕、工厂震撼的流水线、工人们的工匠精神、老板对产品质量的严格要求、服务员对客户的态度以及公司举办的各种活动等。

无论你是谁，无论你处于哪一个奋斗阶段，你都可以在快手上尽情地展现自己的真、善、美。

第二部分

养 号 篇

第010招

养号是为了获得后期的精准推荐

当你重视一颗种子的时候，你就会用心地去浇灌它；当你珍惜一段关系的时候，你就会认真地去维护它；当你热爱一个账号的时候，你也会积极地去培养它。

养号，简单来说，就是培养账号的权重。

有些人，注册了快手账号之后，马上就疯狂地发视频，然后，不断地刷新账号主页，热切地关注每个视频的播放量有没有飙升。

当你没有全局观的时候，你就会这么做。几天之后，当你发现每个视频的播放量都是100次以内时，你可能就会开始怀疑短视频营销是否适合自己。

如果你真的想在短视频领域创造奇迹，那么，一开始，你要静下来。你要用极其冷静的态度，去大量地观察同行的视频，分析它们的成功因素，边看边记。

一个星期之内，你观看视频时，可以围绕自己的主业，锁定三个方向。例如，你是做服装的，你就可以同时观看服装、时尚和创业类的视频。

一个星期之后，你观看视频的方向，可以逐步聚焦于一个最适合你的方向。

当你大量地研究同一个方向的视频之后，你会发现快手开始精准地为你推荐该领域优秀的视频。这意味着你的账号给快手的系统留下了清晰的印象，系统知道你的定位是什么。

你在观看视频时，不要为了观看而观看，也不要为了达成一个硬性的指标而观看（如坚持一天观看 300 个视频）。你要用心地去观察每个视频的内容结构、互动情况和标题技巧等。

当你看多了，就会清晰地知道什么样的内容及标题容易获得快手的推荐以及用户的评论。

当你开始发布视频时，在养号期间积累的这些经验，就能够准确地引导你在合适的时段发布视频，用合适的标题、标签描述视频，平台就会将更多精准的流量匹配到你的作品上。

第011招 养号，就是向平台表明你的态度和定位

养号切忌三心二意。你想做服装号，就专注看服装类的视频。你想做创业号，就专注看创业类的视频。这样，你的进步才会快。

当你长期杂乱地观看多类视频时，系统就会判定你的这个账号是普通号。

当你长期观看同类视频时，系统就会判定你的这个账号是专业号。

你在观看别人的视频时，若进行点赞、评论或转发，系统就会判定你这个账号是热情的、活跃的、积极的。

养号，就是让系统更了解你；养号，就是培养自己的账号与系统之间的关系。

第012招 养号的十六个实战技巧

严格来说，养号是一个长期的过程。最好的养号方法，是创作极致的视频。当然，这比较适合账号运营的后期阶段。

前期，养号有以下十六个技巧：

- 每天观看100~300个同类视频。
- 观看视频时，正常点赞（根据真实喜好而点赞）。
- 看到优质视频时，适当评论，一天评论10~30个视频。
- 看到优质视频时，适当转发，一天转发2~10个视频。
- 每天使用账号一小时以上。

- ✌使用账号的时段尽量固定。
- ✌每天观看快手直播10分钟以上。
- ✌在优秀主播的直播间点亮红星。
- ✌在条件允许时，给直播间的主播送点礼物。
- ✌看到喜欢的账号时，积极关注。
- ✌上传一个高清而专业的头像。
- ✌设计并上传账号首页封面。
- ✌有优秀的视频时，尝试发布，一天发布1~3个。
- ✌为自己的视频购买作品推广服务，前期每个视频投入几元钱即可。
- ✌为自己的热门视频继续购买作品推广服务，按需增加。
- ✌积极回复粉丝的评论。

第013招 蹲得越低，未来你将跳得越高

深度研究别人的账号和视频，你才能做出高端的大号。研究得越多，你将越理解快手的游戏规则。

遇到极致的视频时，笔者会反复观看，有时甚至观看100遍以上。

发现优秀的标题时，笔者会在心中默念多次，直至留下深刻印象。

我们在研究别人的账号时，大号要研究，小号也要研究。为什么呢？研究大号，是为了看到未来；研究小号，是为了看清现在。

一般来说，我们在发现页中看到的视频，大多是热门视频或优质视频。如果我们只是研究这类视频，就会产生一种距离感。我们会觉得如此高质量的视频，制作难度太大，成功离我们很遥远。

因此，我们可以同时研究同城页的视频。因为身处于同一个城市中，大家有着相似的文化和习俗。认真地去观察同城的视频，我们将学到别人是如何借助我们熟悉的地标、街道、场景和语言来创作视频的。

我们会惊奇地发现：哇，原来如此平凡和熟悉的场景，也能够拍摄出如此优秀的视频。

这样的视频看多了，我们的内心就会有一种想尝试、参与或挑战的心理。这是一种积极的心理。

前期观看别人的视频，有点像武术中的扎马步，它如此普通，却又如此重要，是基本功。基本功越扎实，我们内在积蓄的势能就会越强。

观看别人的视频时，我们要保持“空杯”的心态，用心地学习别人的优点，暂时忽略其缺点。因为能够带动我们，使我们变得更优秀的，是别人的优点。

第014招 养号的同时，通过观看大量视频来厘清思路

一开始，什么方向的视频你都可以看，在这个过程中，你要尽快地筛选出最适合你的三个方向。

当你确定了三个方向之后，你需要确定一个比例。例如：

- 最重要的方向的视频，用80%的时间观看，其他两个方向的视频，用20%的时间观看。
- 次要的两个方向的视频，不再观看，用100%的时间观看最重要的方向的视频。

以上只是举例，具体的比例，因人而异。

视频看多了，你就会发现：同行中的一些账号，其视频的封面、主题、字体、颜色、内容和标题，如出一辙。例如，在短视频教学领域中，很多账号发布的视频，其封面都是大号黑色字体、长方形黄色方框、方框遮住主播上半身、露出双眼……

一开始，用户可能会觉得新鲜或神秘，但是，如果看来看去都是这种呈现方式的视频的话，就会感到厌倦。

这些人，为什么要用一模一样的风格来制作视频呢？有如下三个原因：

✌他们是同一个老师或同一类课程培训出来的。

✌他们看到某些账号使用此风格让视频上了热门，所以跟风。

✌他们觉得这样比较简单，容易上手。

如果你想运营一个普通的账号，或者在短期内获得一定的流量，那么，你可以参考以上的模式。但是，如果你要运营出一个与众不同的大号，你就必须有精准的人设、高端的创意和独特的风格。

看别人的视频，是一个学习的过程，也是一个思辨的过程。这个过程能够帮助我们厘清以下思路：

- 哪一种视频风格我们学得来？哪一种视频风格我们学不来？
- 我们的资源优势能够支撑我们运营什么样的账号？
- 我们是要运营一个普通号，还是要运营一个专业号？
- 我们是要模仿，还是要特立独行？是要短期效应，还是要长期效益？
- 以现有的能力，我们能够制作出什么样的极致视频？
- 为了制作出极致的视频，我们愿意付出什么代价？

第015招 优秀的账号，懂得尊重平台的游戏规则

“钻空子”的时代，已经过去了。尊重平台的游戏规则，才是正道。

在快手上，漂亮的人也很勤奋，富有的人也很朴素，农村里的人也很有才，城市里的人也很有爱。这就是正能量，这就是欣欣向荣。

账号研究多了，你会发现，影响力越大的账号，越懂得尊重平台的游戏规则。

很多大主播跟笔者说，他们在申请直播权限之前，都会认真地把平台制定的直播规则逐一看明白；快手官方发布的每一条通知，他们都会认真研读和琢磨。

这是一种尊重，也是一种态度。

笔者在观看各大主播的直播时，会观察以下细节：

- 哪些话能说，哪些话不能说。
- 什么时候开播，什么时候下播，什么时候带货，什么时候发红包。
- 针对不同留言给予何种回复。
- 针对不同礼物给予何种回馈。

笔者在研究各大账号的视频时，发现了以下细节：

- 大号在简介中，不会引导粉丝加微信，只会引导粉丝准时观看直播。
- 大号更加信任平台，更加相信平台规则的普惠性。
- 大号紧跟平台的最新要求，创作符合平台文化定位的正能量视频。
- 大号更加珍惜快手带来的机会。

第016招 在游戏规则之内，做一个卓尔不群的账号

那些拥有百万粉丝、千万粉丝的大号，一定有其过人之处。我们研究别人的账号，就是要研究其过人之处。

如果一个农民靠唱歌凝聚了数百万粉丝，很可能是因为他放得开。

如果一个铁匠靠制作道具凝聚了数百万粉丝，很可能是因为他在无人问津时敢于坚持到底。

如果一个电商靠卖货凝聚了千万粉丝，很可能是因为他的产品质量过硬或者他在别人直播时豪爽打赏。

每一个成功的大号背后，都有感人的故事。笔者推荐大家关注“快手故事”这个账号。这个账号，分享了很多大号的成长故事。

如何运营一个卓尔不群的账号？你可以参考以下思路：

- 你有没有一种兴趣爱好，让你每次想起时，嘴角都会流露出幸福的笑容？它是否尘封已久？你是因为别人否定而放弃了，还是因为生活所迫而淡忘了？你要把它找出来！
- 找到一生所爱，做到感动天地。
- 你是否愿意付出十倍于他人的时间和精力，去打磨一个极致的作品？
- 这个极致的作品，你是否愿意在前期付费推广助它上热门？
- 你是否认真地留意用户们的评论和需求？你是否以此作为不断升级作品的重要参考因素？
- 你制作的视频，是否能够让自己忍不住想反复多看几遍？
- 你是否愿意每天对着镜子锻炼口才和演技？
- 你是否愿意放下一切架子，以大海般低且广的心态去向短视频创业的前辈们请教？
- 你是否愿意为了一个视频拍摄足够多的片段？
- 你是否有决心让自己的账号成为业内前三名的大号？
- 你是否愿意以艰苦朴素的态度去深度地体验生活中的真、善、美？
- 你是否愿意将这种真、善、美高度地融入你的作品中？

第017招 适合做账号矩阵的情况

如果你是一个人制作短视频，那么，就别想着做账号矩阵了。

账号矩阵，听起来好像很厉害，事实上，并非每个人都适合做账号矩阵，因为它将消耗大量的人力、物力和财力。

那么，在什么样的情况下，适合做账号矩阵呢？

- 连锁企业有多个门店，可以每个店铺做一个账号。
- 大公司有多个部门，每个部门都有各自不同的教育客户和服务客户的任务，可以每个部门负责一个账号。
- 网红基地签约了多个网红，可以每人负责一个账号。

✌动画公司旗下有多个卡通形象，可以每个卡通形象专用一个账号。

✌大企业拥有多款知名产品，每款产品都有特殊的受众，每款产品专用一个账号。

读到这里，你可能会说："哦，不！虽然我是一个人创业，但是，我真的非同凡响，我有着超强的创意和丰富的灵感，而且，短视频的风口这么重要，无论如何，我都要做账号矩阵。"那么，你可以参考以下思路：

✌一个账号当作生活号，一个账号当作专业号。

✌一个账号当作你研究和测试快手各种功能的小号，一个账号当作你发布和运营视频的大号。

✌一个账号以个人的名义认证，一个账号以企业的名义认证。

✌一个账号纯粹依托平台的推荐流量，一个账号大胆地投放付费广告。

✌一个账号开通直播，一个账号不开通直播。

以上五种方式，可以任选其一，也可以叠加运用。

第018招 在快手上创业，先“热起来”，再“富起来”

要先让你的账号“热起来”（吸引越来越多的人气），你的账号才能让你“富起来”。那么，如何让自己的账号热起来呢？你可以参考以下思路：

- 直播时，把直播的主题和内容大纲写在白板或纸板上，让观众清晰地知道本场直播的主题，观众才愿意留下来。
- 直播快结束时，把下次直播的主题和内容大纲写在白板或纸板上，让有需要的观众产生兴趣。

✌创作视频时，可以用第一集、第二集、第三集的形式，让粉丝有追剧的感觉。

✌当一个视频上热门之后，尽快发布一个新的视频，以承载涌入账号主页的流量。

✌如果你的账号有作品置顶功能，可以把最受欢迎的三个视频进行置顶。

✌置顶的视频，尽量选择最近一个月内发布的，它们更容易上热门。

✌让粉丝知道你是一个有趣（如以古装模式拍摄搞笑段子）、有料（如长期分享干货）、有情（如救苦扶贫）、有义（如原班人马从不轻易解散）和有志（如帮助一亿人练好毛笔字）的人，这样，他们才愿意一直追随你。

✌那些长期支持你的粉丝，可以被称为“老铁”，“老铁”会让你的每个新视频快速拥有基础人气，“老铁”也会让你的直播间人气飙升。

✌让“老铁”获得实实在在的干货或优惠，当你在直播间发起分享红包时，他们才愿意帮你将链接分享给真实的用户和社群。

✌与其研究账号矩阵，不如打造视频矩阵，尤其是极致视频的矩阵，就是你的一个账号里面，起码要有3~5个极致视频，这些视频就能“互为掎角之势”，相互赋能。

✌只有大舍，才能大得。拥有百万粉丝或千万粉丝的大号，大多做到了以下三点或其中一两点：一是豪爽“秒榜”相关大号的直播间，二是长期稳定投放官方广告，三是砸锅卖铁拍摄极致视频。

✌一个人，在一个具有江湖气息的短视频平台上创业，如果没有侠客精神，难以所向披靡。

第三部分

作品篇

第 019 招

你怎么知道别人不喜欢你

一个人迟迟不敢开始拍摄短视频，往往是因为害怕别人不喜欢他。

说实话，别人喜不喜欢你，是别人的事情；你敢不敢拍摄短视频，是你自己的事情。

但是，你怎么知道别人喜不喜欢你呢？

大多数人都有缺点和优点。因此，我们要学会扬长避短。那么，如何让自己在快手平台变得更受欢迎呢？

✌《黄帝内经》有云："正气存内，邪不可干。"当你心存善念时，你的一言一行，就自然会流露出善意，你的作品亦然。

✌让自己受欢迎，首先必须让自己理解、关爱和相信自己。

✌一开始，当你没有付出任何努力或没有贡献任何价值时，人们是不愿意关注你的，因为他们看不到“关注”的意义是什么。人们追求的是自己想要的东西，而不是你想要的东西。当你能够创造出别人想要的价值并以优雅的方式呈现时，人们就会开始关注你、喜欢你。

✌在快手上，当你真正创造出令人惊艳的作品时，粉丝会极速地凝聚到你的账号之下，你挡都挡不住。

✌当你看别人的视频时，哪些方面是令你反感的？那么，在你创作视频时，就要尽量避免那些因素。

✌当你在看别人的直播时，哪些细节是令你厌恶的？那么，在你直播时，就要杜绝那些因素。

✌曾国藩有一句名言：“决不可存苟且心，决不可做偷薄事，决不可学轻狂态，决不可做惫赖人。”这句话适用于在快手创业。

✌我们在观看别人的直播时，会发现部分网红有某些“轻狂态”，我们切勿随波逐流，要坚持正念和正行。

✌当你发布第一个视频时，没有人给你点赞；发布第二个视频时，依然没有人给你点赞。没关系，只要你坚信自己的内容是真、善、美的，喜欢你的人迟早会出现。

- 有趣的是，当有人开始给你点赞之后，你会发现，越来越多的人会主动给你点赞。
- 有时候，你的作品已经很优秀了，观众也很喜欢你的作品，只是，你的粉丝太少了，视频获得的点赞和评论基数太少，导致平台无法为你匹配更多流量。这个时候，你就可以尝试作品的付费推广服务了。
- 一开始，大胆地投点广告，不要静静地坐在那里猜疑或发呆。

第020招 你无法做出震撼人心的作品，是因为你有后顾之忧

“如果不是生活所迫，我一定能够全心全意做出优质视频。”

“如果不是年纪大了，我也能自然地唱歌和跳舞。”

“如果不是离开城市，我也能拍出高大上的作品。”

“如果不是肩负重担，我也能像很多网红那样去追梦。”

的确，无法制作出震撼人心的作品，大家各有各的理由，但归根结底，是因为有后顾之忧。

那么，在资源有限的条件下，我们如何制作出震撼人心的作品呢？

- 有一位英语老师在快手上分享英语学习秘诀，他没有高超的视频制作技巧，但他有优秀的粉笔书法功底，因此，他就以此作为视频的重要组成部分，再结合本人的亲自讲解，拍摄落地、高效、富有诚意的英语教学视频。
- 有一个牙医在快手上分享牙齿保健课程，找不到合适的朋友一起拍摄剧情视频，因此，他就一人扮演两个角色，镜头左边的自己是一个角色，镜头右边的自己是另一个角色。
- 当你在其他互联网平台找不到出路，只有依赖快手才能找到最后的突破口时，你就会发现，原来你可以拍出很多让人意想不到的创意视频。
- 多看看别人在面临绝境和困境时，是如何通过快手找到谋生之路的，看多了，你就会对自己充满信心。

第 021 招 优秀的选题才能乘势而起，切勿闭门造车

选题有多种分类，我们来重点分享一下专业选题和热门选题。

➤专业选题

当我们锁定一个视频创作方向之后，由于我们长期观看同一类视频，快手给我们推荐的视频，都是该领域最专业或最受欢迎的视频。

那么，我们是要模仿它们，还是要超越它们呢？

笔者的建议是：认真观看这些热门视频，融会贯通，然后忘记它们，用你自己的思想、经验、智慧和创意，来创作一个同类的视频。

这个过程，就是“集百家之长，成一家之言”的过程。这样，你创作出来的视频，才是有血有肉和富有特色的。

找到专业选题方向，并用 80%的精力来创作此类视频，我们将赢得源源不断的精准流量。

➤**热门选题**

神曲是热点，节假日是热点，重要新闻是热点，官方活动是热点，重要话题是热点，大网红带货奇迹也是热点。

那么，围绕热点而确定的选题，我们称之为热门选题。我们可以用20%的精力来创作此类视频。那么，我们如何借助热门选题的力量乘势而起呢？

✌编剧时，把热点话题恰当地植入剧情中。

✌以热点作为案例，分享自己的专业知识。

✌某些热点（如节假日）到来之前，提前准备好道具、素材和内容，做足功夫。

✌发布视频时，嵌入热门话题或热门标签。

✌为作品购买推广服务时，选择与该热点相关的精准流量。

✌举一个例子，若你的视频中植入了电视剧相关的热点内容，那么，你为该视频购买推广服务时，可以参考以下路径：打开视频—作品推广—发现曝光—自定义用户特征—兴趣—影视剧。这样，你就可以通过付费广告的方式，把含有热点内容的视频，快速投放给精准的用户。

第022招 你怎样对待作品，粉丝将怎样对待你

你对待作品的态度，往往就是粉丝对待你的态度。

坚持高质量视频创作的人，能给粉丝留下一种深刻的印象：某某出品，必属精品。

如何让粉丝深刻地感受到你对待作品的态度呢？

某些高难度、高精度的镜头，粉丝见所未见，闻所未闻。

视频中展示的某项工作，无须过多解释，粉丝一看就能够清晰地感受到完成这项工作需要超强的耐心和超长的时间。举例如下：

✌有一个视频创作者，花了3天的时间，把一个火龙果里面的种子全部都数了一遍。这项工作，是常人难以完成的，而且，这

种难度，粉丝一看就能深刻地感受到。你或许会觉得这个创作者很无聊，但是，他的账号定位，就是以数数为主的。

✌ 有一个小伙子，在仅剩 5 万元人民币时向世界出发，用了几年的时间，走遍了 190 多个国家，其间的艰辛，非常人可以理解。然而，他坚持一路拍摄视频，持续分享自己的收获和心得，让粉丝们感动至深，叹为观止。

✌ 澳大利亚墨尔本一位 80 多岁的老奶奶，身体佝偻，白发苍苍，依然坚持在街头表演钢琴弹奏，让人肃然起敬。该视频在各大短视频平台的播放总量达到了 5 000 多万次。

✌ 有一位女健身教练，每天用视频或直播分享自己跑步 10 000 米的过程，令人肃然起敬。

从上面的例子中，你可以看出，对视频创作来说，重要的不只是视频的内容，更是视频所传递的精神和态度。

第023招 狠抓视频制作技术，玩透快影核心功能

网络上的视频制作工具有很多。如果你想专注、深入地研究一款工具，那么，笔者推荐你使用快影。

快影是快手旗下一款简单、易用的视频拍摄、剪辑和制作工具。

以下是快影的一些重要功能：

- 切割：你可以拍摄长视频，然后使用此功能对视频进行切割，选出最优质的视频片段。
- 拖动：你可以设计好剧情，然后将各种视频片段根据剧情顺序进行拖动。
- 倒放：在很多服装主播拍摄的穿衣视频中，衣服都是主动向她

飞过来的。其实，拍摄时，主播是把衣服扔出去，再用这个功能将该片段进行倒放。

- 变速：如果你担心自己的声音不够可爱或动听，你可以对视频进行变速，声音会同步变速。变速后的声音，会带给你不一样的感觉。
- 转场：不同视频片段之间的融合，需要不同风格的转场。转场会让整个视频看起来更加顺眼。
- 视频比例转化：横屏视频、竖屏视频和正方形视频之间，可以相互转换。
- 字幕自动生成：自动识别视频中的声音，并自动生成字幕，字幕的字体和风格有多种选择。
- 热门音效：有常用、笑声、搞怪、尴尬、悲剧、转场、打斗、动物、人声和生活等多种类型的音效。
- 一键分享：视频制作好之后，你可以一键将视频分享到快手。
- 草稿箱：作品可以保存到草稿箱，方便再次编辑。

以上功能，彼此组合，运用之妙，无穷无尽。

快影有创作、教程和发现三大版块。创作版块，主要提供各种剪辑功能；教程版块，有丰富而实用的教程；发现版块，有各种热门视频案例。

熟悉这三大版块，你将在视频创作方面得心应手。

第 024 招 优秀的作品，往往是在高度匹配的场景中演绎的

随着短视频行业的蓬勃发展，很多城市出现了各种各样的网红拍摄基地。

这些基地的面积大多为 1 000 平方米以上，有多个的拍摄场景，如厨房、客厅、衣帽间、化妆台、沙发、卧室、访谈室、路口、小卖部、街道、古装小店、办公室、前台、车站、跑车、老爷车、绿色背景墙和蓝色背景墙等。

有些基地还提供灯光、三脚架、摄影机、滑轨和稳定器等。

基地一般都是按小时计费，或按天计费（以广州某网红拍摄基地为

例，1 小时 200 元，1 天 1 000 元）。

网红拍摄基地能够为我们提供不受干扰的、专业的、集中的拍摄场景。

当然，现实生活中的拍摄场景就更加丰富了，只是它们可能分布在相距较远的地方。

在选择和运用场景方面，笔者有以下一些经验和体会：

- 用绿色或蓝色背景墙拍摄的人物视频，可以使用快手或巧影（视频编辑 App）进行背景置换，新的背景可以是图片或视频。
- 在快手平台上，农村的场景很受欢迎。
- 场景的运用，关键在于适合、自然和巧妙。
- 一位钢琴师，在沙滩上或室内演奏钢琴曲，给观众带来的感受是完全不同的。
- 一位讲师，坐着口述与站在白板边讲述，给观众带来的感受是完全不同的。
- 一个段子，你在办公室内分享和在农田里一边劳作一边分享，给观众带来的感受是完全不同的。那么，哪一种更好呢？关键在于段子的内容。
- 不同内容的演绎，需要不同的场景。

- 同样的内容，你可以试着在不同场景演绎，然后，各自拍成视频，看看观众的反馈如何。
- 观看热门视频时，看看别人是如何运用我们熟悉的场景拍摄出不一样的视频的。
- 影视城、旅游景点、繁华街道和大型购物中心等场景的选用，能够给你的视频加分。

第025招 预告与连载，让观众对你的作品充满期待

在直播之前，你可以发布一个作品对该直播进行预告。当直播结束时，你可以对下一场直播的主题进行预告。

在制作视频时，你可以在片尾对下一个视频的主题进行预告。

总之，预告能够帮你凝聚更多的人气。

现在，我们重点来分享一下连载的模式：

✌如果你想在快手上卖西瓜，那么，从西瓜的播种、耕耘、收获到销售的整个过程，你都可以拍摄视频来分享。你的粉丝看了西瓜成长的整个过程，自然对你的西瓜会有不一样的感受。

- 对于积极评论的粉丝，你可以奖励他一个西瓜，然后，找一张小卡片，在上面写上“某某专属西瓜，感谢你的支持”。将这些细节拍成视频，分享到快手，粉丝会很感动。此举将赢得更多粉丝对你的支持。
- 课程、访谈、创业历程、家庭小剧情和办公室小剧情等，都可以使用连载的模式。
- 你可以用连载的模式，分享自己从人生低谷开始创业的整个历程。当然，在整个过程中，你分享的核心产品不要换来换去，否则粉丝会觉得你三心二意。粉丝看了你的创业历程，对你的产品，自然会有深厚的感情。
- 标注连载集数的字样，可以将其放在视频的封面上，也可以放在右上角或右下角。
- 连载的模式能够带给粉丝仪式感，粉丝会为了“追剧”，持续且深度地去关注你的账号。

第026招 用工匠精神打造问心无愧的作品

以前，你为做好一件产品而付出了艰辛的努力，整个过程可能只有你自己知道，其间的辛酸或许也只有你自己能体会到。

今天，你可以把这一切用视频的方式记录下来并分享到快手上。你的付出将被越来越多的人看到，你的工匠精神将影响无数的粉丝。

有人可能会问:“为什么要用工匠精神去打造作品呢？随随便便不也一样可以吗？”

这个疑问或许缘于他看过一些大网红只是发布自己的日常生活片段，就能够获得大量的点赞和评论，那是因为大网红有强大的粉丝基础以及充足的广告投入。

普通人只有用工匠精神去打造极致的作品，才能让作品后期的推广变得更加简单。

如果你的作品人见人爱，那么，哪怕你只是投放 8 元的广告，依然能够获得足够多的点赞和评论。相反，如果你的作品毫无特色，那么，哪怕你砸锅卖铁去投广告，作品的传播也会后劲不足。

用工匠精神打造极致的作品，核心目的是减少后期的宣传成本。因为，优秀的作品，自己“会说话”，自己“会走路”。

那么，什么样的作品是问心无愧的作品呢？

稻盛和夫经常说：“付出不亚于任何人的努力。极致的努力，能够扭转命运。”

当你制作好一个作品时，你可以问问自己如下几个问题：

✌拿出最好的状态来拍摄了吗？

✌反复练习台词了吗？

✌准备齐全道具了吗？

✌选择了最合适的场景吗？

✌背景音乐的选择真的恰到好处吗？

✌各种音效的穿插到位吗？

✌找到需要的人物角色了吗？

- ✌声音的表达饱含感情吗？声音有感染力吗？
- ✌表情到位吗？感人吗？
- ✌内容有干货吗？足够优秀吗？
- ✌剧情有惊喜吗？令人震撼吗？令人意想不到吗？
- ✌拍摄的角度正确吗？灯光足吗？自己真的尽力了吗？

第027招 “形散而神不散”，切忌千篇一律

对于视频创作而言，“形散”是指视频的内容、场景、文字、剧情、标题和音乐等可以适当变化和不断优化，“神不散”是指视频的定位、质量、档次、风格、主旨和方向等尽量不变或保持稳定。

作品如果千篇一律，会让粉丝觉得这个账号缺乏新意。为了让粉丝更喜欢你的账号，你可以参考以下思路：

- 如果你是搞笑类型的网红，除了拍摄搞笑段子，你偶尔也可以分享一下自己的创作心得。
- 如果你是农民，除了拍摄农产品，你偶尔也可以在田野里分享

一下农村生活心得。

✌如果你是讲师，除了拍摄干货内容，你偶尔也可以拍摄自己参加某些大型活动的过程。

✌如果你是歌手，除了拍摄唱歌视频，你偶尔也可以拍摄自己助人为乐的视频。

✌如果你是导游，除了拍摄世界各地的风土人情，你偶尔也可以分享旅游省钱经验。

✌如果你是雕刻家，除了拍摄作品的雕刻过程，你偶尔也可以分享自己的拜师经历。

总之，你的各种分享是为了让粉丝更加深入、全面、立体地了解你，让大家感受到你是一个实实在在的人，有情有义的人，有梦想、有追求的人。

第四部分

价值篇

第028招 在高速发展的平台上，成为更好的自己

坐在一艘下沉的船上，船里的成员无论多努力，他们依然在下沉。因为平台下沉，个体自然跟着下沉。

在一台上升的电梯中，电梯里的成员只须付出很少的努力（按楼层按钮，好好站着），他们便能快速离开地面。

快手，是一个全速发展的平台。在这里施展才华，你将更容易实现梦想。

无论你面对的是失败还是成功，粉丝们都希望能够见证你的成长。如果你无法成长，那么，粉丝的关注就失去了意义。

因此，吸引越来越多粉丝关注的核心秘诀是自己要保持高速的成长。

快手每个阶段都会给用户带来新的机会。但是，你准备好了吗？

✌快手的各种流量扶持活动，你参加了吗？

✌快手的各种最新功能，你使用了吗？

✌快手的各种比赛，你报名了吗？

✌快手的低价广告服务，你投放了吗？

✌快手庞大的音乐库，你珍惜了吗？

✌快手的各种特效，你测试了吗？

✌快手的官方系列账号，你关注和学习了吗？

✌快手的最新通知和游戏规则，你研究了吗？

✌快手的各种热门视频，你学习了吗？

✌快手的相关书籍，你阅读了吗？

✌快手各大网红的创业故事，你聆听了吗？

✌快手坚持的普惠机制，你珍惜了吗？

✌快手“不抛弃，不放弃”的精神，你感受到了吗？

✌快手直播带来的闭环效应，你把握了吗？

✌快手免费的助推流量，你赢得了吗？

✌快手宁可部分流量浪费也要坚持让所有用户有公平的展现机会，你被感动了吗?

我们对短视频平台要有感恩之心，要珍惜来之不易的机会，让自己成为更好的自己，以成为“达则兼济天下，穷则独善其身”的人。

第029招 远高于常人的“输入”，才会有高端震撼的“输出”

对于短视频创作而言，“输入”是指学习、吸收和准备，“输出”是指创作、分享和推广。

在公众号领域，有一个非常有影响力的女创作者（有千万粉丝），她平时在看综艺节目的时候，会做笔记。

笔者在快手上观看各类热门视频时，也会做笔记。

周星驰从小就喜欢坐在窗边观察外面行人的各种表情和形态。

当你在商界闯荡久了，你会发现一个奇妙的现象：听专家分享时，老板喜欢做笔记，员工喜欢说“我知道”。

无论你是真知道还是假知道，世界总是神奇的，充满奥秘的。

为了让自己的视频内容变得更加高端、丰富和震撼，在知识储备方面，你可以参考以下建议：

- 研究一个账号，就要把他的视频全部看一遍。当然，最好是从他早期的作品开始看，看他是如何一步一步走到今天的。
- 研究一个账号，不但要研究他的视频，还要研究他的直播，有时候，还要到知乎上研究他的故事。
- 发现优秀的作品原声时，要进入该原声的主页，看看其他相关的优质视频是如何拍摄和制作的。
- 参考了多个同类视频后，你再开始创作，不要简单地模仿，要融会贯通，而后创新。
- 有时候，为了更加高效地研究别人的直播，你可以在电脑上使用“直播伴侣”，借助此工具，你将看得更加细致和全面。

第030招 以成全之心，做一个内心“带有花园”的人

如果你没有研究过大量的视频，就无法知道什么是视频的价值。

如果你不知道什么是视频的价值，就无法将价值融入视频中。

视频的价值，就是创作者带给粉丝的经验、干货、绝招、机会、福利、利益、礼物和正能量等。你的视频总要令人向上和向善，这样的视频才有意义和影响力。

创作《108招玩转快手》，笔者把多年来研究快手的经验和心得，100%地分享了出来。笔者喜欢跟朋友们说：“自废武功，才能不断上升。”

如果我们有所保留（商业机密除外），我们就无法盛情绽放。

如果我们带有私心（正常需求除外），我们就无法感动粉丝。

我们做短视频的初心，不是为了让粉丝来成全自己，而是为了让自己来成全粉丝。因为我们长期秉持成全之心，粉丝才会发现我们的账号

跟他人的账号不同，他们才会留下来，并反过来成全我们。因此，成全之心，是主动的，也是相互的。

歌手李健在一个选秀节目中，听了一位选手天籁般的歌声之后，对该选手说：“你是一个内心带有花园的人。”

这句话，很美。

花园，很美；花园里的百花盛放，很美；百花的芬芳，自由散发，很美。

做一个内心“带有花园”的人，意味着我们必须不断地放下杂念和私欲，坚守一个领域，不断地完善自己，不断地分享价值，让众人因为我们的存在而受益。

在拍摄短视频时，笔者一直秉持以下原则：

- 只是显示自己生活优雅、富有而无法让粉丝获益的内容，不拍。
- 只是说起来很好听、很顺口、很有个性而无法让粉丝获益的话语，不说。
- 能够让粉丝获益的内容，哪怕付费推广，也愿意。
- 能够让粉丝获益的视频，哪怕需要付费请专家、模特、主持人参与拍摄，也愿意。
- 能够让粉丝获益的课程，哪怕一天只能创作一节课，也愿意。

第 031 招

用恰到好处的方式分享价值

如果你是一个农民，相对于豪华的办公室而言，田野是你更好的舞台。田野这个场景，更容易将你的勤劳、憨厚、忠诚的品质烘托出来。

如果你是一个服装店老板，相对于灯光闪烁的 T 台而言，工厂和仓库是你更好的舞台。它们更容易将你的产品的价格优势烘托出来。

如果你是一个特立独行的人，你坚持反其道而行之，这也是可以的，只要你分享的东西是真、善、美的就行。

如何用恰到好处的方式分享价值，你可以参考以下建议：

- 如果你擅于表达，那么，真人分享行业经验，是比较合适的方式。
- 如果你擅长书法，那么，你可以用书法作品来表达你的思想。
- 如果你擅长唱歌，那么，歌声同样能够传达你的精神和态度。
- 如果你在室内无法自然表演，那么，你可以尝试在郊外或广场来表演。
- 如果你在众人面前很紧张，那么，你可以尝试一个人时再拍摄。

总之，你内心自我认定的优势不一定是优势，劣势也不一定是劣势。你要敢于行动，在行动中找到乐趣，找到适合自己的视频创作形式。

无论你以哪种方式分享价值，你都要留意粉丝的反馈。如果你找到了最适合自己的方式，那么，你将发现自己的短视频创业之路变得越来越顺利。

第 032 招

每天都给粉丝带来价值和惊喜

什么时段发布视频会比较受欢迎呢？答案是睡前或饭后。根据这个原则，以下三个时段，你可以参考：

✌ 8:00—10:00

✌ 12:00—14:00

✌ 19:00—22:00

如果你一天发布三个视频，那么，你就可以在以上三个时段之中各发布一个。但是，如果你一天只发布一个视频，那么，哪个时段最好呢？

原则上，不同行业，答案是不同的。但是，19:00—22:00 这个时段

（公认的黄金时段）是最受网红和大咖欢迎的。

坚持稳定地、准时地发布作品，粉丝就会长期关注你的账号。

快手有一个“戳一下”的按钮。当粉丝单击这个按钮时，就意味着粉丝希望你尽快地更新作品，因为他对你的账号有所期待。

如何每天给粉丝带来价值和惊喜呢？

✌在状态最好的时候，拍摄视频或直播。

✌拍摄了精彩的视频但不适合马上发布时，你可以将视频保存好，等合适时再发布。

✌与其一天分享十个视频而后停更（停止更新）九天，不如连续十天每天分享一个视频。

✌在一个视频中，与其含糊地分享十个观点，不如清晰地分享一个观点。

✌什么是惊喜？惊喜就是超越粉丝的预期。

✌要做到每天都给粉丝带来惊喜，你就要持续地甚至跳跃式地成长。

第033招 借力于第三方，让利于第三方

“这次的产品卖得这么便宜，是因为我得到了厂家的支持。”

“下次卖货，我将带给大家更多惊喜，因为我拿到了一些重要的资源。”

很多大网红在直播间卖货时，经常会这么说。这些话，一般都是真实的。

的确，只有借力于第三方，才能让利于第三方。意思就是说，只有获得厂家、供应商、合作伙伴的资源支持，我们才能给予粉丝、顾客更多的优惠和福利。

那么，如何借力于第三方呢？

- 借力是相互的，你看中厂家的价格优势，厂家看中你的推销优势。
- 你在成功借力之前，往往已经默默付出了多年，在业界拥有良好的口碑，资源方才会愿意与你合作。
- 俗话说：“贫无达士将金赠。”当我们自身没有资源优势时，就很难整合到其他资源。
- 哪怕在物质方面你一无所有，只要你在心灵和思维方面有丰富的一面，一样能够赢得合作的机会。
- 当你的账号吸引10万粉丝关注时，你就可以整合很多资源了。例如，你可以跟网红拍摄基地的负责人说：“我可以免费帮你们宣传，你们只需提供场地借我拍摄几天即可。”
- 当你想邀请一位模特或美女主持人到你的直播间一起做直播时，你可以说：“我可以邀请我的粉丝去关注你的账号，你只需免费跟我一起参与一场直播即可。”
- 当你想以比较优惠的价格将水果卖给粉丝时，你可以在直播时说：“如果有1000单，我就可以拿到什么样的优惠价。”然后，你再跟果农说：“我这边可以帮你卖出1000单，你能否给我一个特价？”
- 在你没有粉丝的时候，你如何整合资源呢？这个时候，你要寻找能够帮你创作优秀视频的资源，因为，只有优秀的视频，才能吸引精准的粉丝。

✌例如，你的朋友有一个录音棚，你想免费借用它来拍摄唱歌视频，那么，你可以跟朋友说："我有信心在一个月之内吸引到多少粉丝，到时，我将免费帮你宣传，你只需要将录音棚借给我拍摄三天即可。"

✌无论你是贫穷还是富有，你都可以整合到优秀的资源，因为，社会上有丰富的资源，前提是你要先想清楚自己能带给对方哪些超值回报。

第034招 价值必须通过多个角度来体现

你的视频，要体现出价值。除此之外，你的直播、简介、产品、预告和活动等，都要体现出价值，而且这种价值必须是超越粉丝预期的。

以下是一些例子：

- 你的账号简介（个人介绍），要清晰地告诉粉丝：从我这里，你可以获得什么知识、体验、福利和优惠。
- 你的视频，要让粉丝感受到满满的干货或十足的诚意。
- 你的视频简介，可以把视频未尽部分，清晰地表达出来。
- 你的直播，要带给粉丝新鲜的惊喜而非普通的惊喜。

- 你的快手小店，起码要有一款产品是超级优惠的。
- 你的包装箱，可以附带一封感谢信（可以批量印制，但签名部分，尽可能亲笔签名）。
- 你的售后服务，可以为客户准备一套详细的教程或课程。
- 你的活动，可以为参与者颁发荣誉证书、实体小礼物或虚拟礼物。

第035招 "有恒产者有恒心，无恒产者无恒心"

有人可能会问："如果不断地分享价值出去，那么，我岂不是坐食山空？"

分享价值，并不等同于消费和浪费。

当你处在一个良好的生态中时，你在不断分享价值的同时，也会不断地获得回报。你分享得越多，往往会收获得越多。

孟子云："有恒产者有恒心，无恒产者无恒心。"

从短视频创业的角度而言，当人们能够持续地通过短视频获得收益时，人们才会持续地创造和分享有价值的视频。

然而，在获得收益之前，人们必须先分享价值。因此，有些人在还没有获得收益之前，就已经开始大胆地分享价值。正是这批人，成了大网红。

从严格意义上来说，获得收益和分享价值，是一个硬币的两面。

其实，当你分享价值时，你就开始获得收益了，只是那种收益不一定是以你希望的形式出现的，它可能是粉丝给你的掌声，可能是平台给你的一次助推机会，可能是其他商家提出跟你合作的一个想法。

然而，很多人只看重金钱形式的收益。因此，这批人往往会错过一些重要的机会。

当你分享价值时，你要用心地留意：

✌有哪些东西变了？

✌有哪些好事发生了？

✌有哪些灵感浮现了？

✌有哪些思路清晰了？

✌有哪些人脉出现了？

✌有哪些机会显现了？

你会发现：哇，原来，这一切是如此丰富和美好。

当你明白了收益可能以不同形式出现时，你就有了持续分享价值的决心和魄力。当你真正奋勉前行时，你就会发现：财富的到来是一件水到渠成的事情。

第036招 在快手上创业，就是要打造良性循环系统

百度百科对于“良性循环”一词的解释如下：良性循环是指事物之间相互关联、互为依托，组成多个循环滋生链条，形成共同促进的因果关系。良性循环是事物发展的进步现象。良性循环应具备生产力高、稳定性强和持续性强三大特性。

在快手平台，关注页、发现页和同城页，是每一个账号的三大流量来源。

快手小店电商收益、直播间打赏收益、课程收益和广告收益，是每一个账号的主要收入模式。

热门视频、热门活动、热门标签和热门音乐，是每一个创作者的主要灵感来源。

视频、图片、图文、音乐和音频，是每一个创作者的主要作品形式。

广告、活动、“秒榜”、PK 和拍剧，是快手用户之间的主要合作形式。

评论、私信、群聊、直播留言和连麦，是快手用户之间的主要交流形式。

以上每一个因素，相对独立，却又相互影响和彼此渗透。只要不断地测试和探索，你就能够找到最适合自己的创作模式、引流模式、卖货模式和广告投放模式。你可以思考以下问题：

- 投放什么广告能够让你快速吸引精准粉丝？
- 什么样的作品能够感动和留住粉丝？
- 直播时如何吸引更多人关注？
- 直播推广和转发红包（转发者有机会领取红包），哪种方式更好？
- 什么样的产品能够让粉丝心动？

第五部分

创意篇

第037招 放空心灵，让灵感自然涌现

当你决定在快手上开始你的短视频创业之路时，除了内心坚守的精准方向（前提必须是真、善、美）之外，其他的诱惑已经变得不重要了。

当你的内心能够聚焦于一个创业方向时，你会更容易做到精神内守。

此心不贪，何来诱惑？

放下各种杂念和挣扎，直到你发现你坚守的方向已经足以奋斗三年、五年、十年甚至一生，那么，你就找到了创业真正的乐趣和意义。

心无杂念时，灵感更容易出现。

当灵感出现时，我们就可以为自己的视频注入更多的创意：

✌ 当一个农民在田野中唱歌时，可以在麦克风上贴两片树叶，以显得更有乡村特色。

✌ 作为饺子店的老板，为了打造知名度，可以推出市场上最大或最小的饺子，因为常规饺子的视频，已经有很多人拍摄了。

✌ 网红偶尔在直播间喝水时，可以选择定制的杯子，杯子上印有粉丝团的名字。

✌ 节假日直播时，直播的场景可以装饰得更有节日气氛一些。

✌ 与其拍摄充气人偶在路边派传单很受欢迎，不如拍摄它经常遭到拒绝。

✌ 如果你想演唱一首歌，你可以把快手上跟此歌相关的热门视频都看一遍，然后，去外面散散步，呼吸一下新鲜空气。在散步的过程中，你可能就会知道如何更好地去演绎这首歌曲了。

第038招 “操千曲而后晓声，观千剑而后识器”

在没有观看大量优质视频之前，拿起手机随手拍摄，你拍出来的，往往都是生活类的普通视频。

《文心雕龙》中，刘勰有云：“操千曲而后晓声，观千剑而后识器。”

这句话说得真好！用今天的互联网思维来理解，“操千曲”和“观千剑”就像大数据，“晓声”和“识器”就像发现了大数据蕴藏的规律，放到一起来理解，就是“在大数据中发现规律”。

大量地观看、借鉴和研究优质视频之后，我们就会有一些全新的感悟。以下，是其中一些例子：

- 如果你是做服装行业的，你在观看他人的服装穿搭视频时就会发现：很多人使用的灯光都是单一的。那么，当你自己拍摄视频时，是否可以在主要灯光的基础上加上闪烁的、色彩斑斓的灯光？效果是否会更好？
- 很多美女喜欢浓妆艳抹后拍摄跳舞视频，如果你也是美女，那么，你是否可以走其他路线？如气质美女和爱心美女的路线？你在草地上看书的视频是否显得更加高雅？你在乡村助教的样子是否更美？你辛勤劳动、汗流浃背的身影是否更加感人？
- 很多讲师的课程视频，都是真人出镜的。这类视频，观众看多了就会审美疲劳。那么，你可以考虑采用如下方式：片头和片尾，真人出镜；视频的主要内容，用万彩动画大师或来画（动画制作工具）制作 MG 动画。这样的视频，既有真实感，也有科技感。

第039招 制作一张越来越庞大的创意思维导图

笔者有一位朋友，整天在做各种各样的计划，动不动就制作一张很复杂的思维导图，但他从来不付诸行动。制作了一张思维导图后，他很快又觉得此图不妙，继续制作，因此，他一直在制作思维导图。他总是踌躇满志。但他生活得很不开心，因为他总觉得自己付出了这么多努力，却未曾有明显的成绩。

只能说，这位朋友误解了思维导图的本质和意义。我们制作思维导图，不是为了看起来很震撼，而是为了以后能够使用。

笔者制作思维导图之后，会把它打印出来，然后，每个星期做一次简单复习，每个月做一次深度复习，并把对当下的工作有重要指导意义的句子、关键词或思路记录到便笺上，再把便笺贴在电脑边。这一切，不仅仅是为了学习和理解，更是为了行动和检验。

笔者在观看各种优质视频时，会用思维导图（工具：幕布）来记录收获和灵感。以下，是笔者的一些经验：

- 做好分类，每一种分类创建一个相应的思维导图。
- 在分类方面，你可以根据自己的需要来设定。
- 从视频拍摄的角度而言，你可以这样设定分类：剧情、创意、台词、场景、道具、转折、惊喜、灯光、角色、服饰和态度等。
- 从视频推广的角度而言，你可以这样设定分类：免费推广、付费推广、站内推广、站外推广、合作推广和活动推广等。
- 制作思维导图是为了高效地管理各种知识点。管理是为了调用和运用。如果思维导图杂乱无章，我们就不愿意再次打开它们。
- 当要拍摄一个视频却毫无灵感时，笔者就会复习思维导图。
- 在短视频方面，笔者做过 200 多张思维导图，涵盖短视频创作的方方面面。
- 在观看大网红或大电商的直播时，你也可以同时制作思维导图，内容可以包括开场、寒暄、金句、故事、预热、提问、时机、推销、赠品、限时、成交、感恩和预告。我们可以从这些角度去观察并记录该直播与众不同的地方。

第040招 让创意贯穿作品、互动、直播间和快手小店

当你成为一个富有创意的人时，你的创意就会自然地流露在你的一言一行之中。

对于短视频创业者而言，创意不仅仅可以体现在作品的创作上，也可以体现在互动、直播间和快手小店上。推荐思路如下：

- 在作品创意方面，你可以在百度搜索“193种创意”，有人把常用的创意方法做了一个全方位的总结。
- 在视频的评论区，你可以认真回复最详细的评论和最简单的评论，而且是以富有创意和诚意的方式回复。这样，粉丝们将知道你对他们是一视同仁的。在你下次发布视频时，他们就会更

加积极地评论。

- 如何富有创意地回复评论呢？例如，你发布了一个颜值类的视频，有人在你视频下面评论："我住长江头，君住长江尾。日日思君不见君，共饮长江水。"你就可以回复："感郎千金意，惭无倾城色。"而不是随意地回复一句："别开玩笑。"
- 如何富有诚意地回复评论呢？例如，你发布了一个诗词类的视频，有人在你视频下面评论："黄沙百战穿金甲，不破楼兰终不还。"你就可以回复："男儿何不带吴钩，收取关山五十州。"而不是随意地回复一句："说得好！"
- 前面的两个例子，只是分享一种思维和态度，而不是一种固定的要求和限制。
- 某些服装主播在展示服装时，会把该服装的特点和特价写在纸片上，然后将纸片粘贴在服装前面。
- 某些网红会在快手小店的详情页中注明"下单有神秘赠品"，赠品是该网红的明信片或金句小册子。

第041招

视频创意，需要不断迭代和优化

对于短视频创业者而言，在资金充足时，做什么比较好？

- 升级视频制作技术，完善视频拍摄团队。
- 从制作视频到创造收益的整个过程，不断地优化，打造良性循环系统。
- 追加广告投入。

这里，我们重点来分享第一点。我们在视频制作和视频创意方面投入得越多，后面的推广就会越富有成效。视频的创意，往往不是你想出来的，而是在你的实践中，自然流露出来的。实践难度越高，创意就会越具有震撼效果。以下，笔者分享一些心得：

- 设备的优化：笔者在拍摄视频时，为了输出高水平的音质，先后购买了三种不同价位的录音设备，分别是1 000多元、4 000多元和30 000多元。有时候，创意的升级跟硬件的升级是对应的。有了更加高端的设备，你就能接触更加丰富和强大的功能，它们能够承载和实现你的某些创意。
- 软件的优化：为了实现某些创意，笔者研究过二十多款视频制作软件，包括免费软件、付费软件，手机软件、电脑软件，中文软件、英文软件。
- 场景的优化：为了演绎某些创意，你可以购买门票到某些著名景点拍摄视频。
- 团队的优化：当你一个人面对镜头不知道说什么时，你可以邀请一个搭档一起拍摄。
- 时间的优化：笔者看成语词典时，会有一些灵感；笔者读唐诗宋词时，会有较多灵感；笔者聆听音乐时，会有更多灵感。因此，笔者就可以用20%的时间来看成语词典，用30%的时间来读唐诗宋词，用50%的时间来聆听音乐。
- 流程的优化：拍视频是先构思再拍摄，还是一边拍摄一边构思？每天是准时直播，还是等待状态最好的时候直播？

- 广告的优化：为了推广某些创意视频，笔者曾为某一个视频购买了100多次作品推广服务，发现了不同广告模式对作品的流量影响不同，从而总结出适合自己的付费推广模式。
- 形式的优化：你选择的视频创作方向，适合用哪种视频形式来演绎呢？真人视频、动画视频还是剧情视频？

第042招 “无用之用”，你无法猜透每一个创意道具的价值

当你接受访谈或单独面对镜头分享一些创业心得或行业心得时，原本看起来与拍摄主题关联不大、似乎没什么作用的布娃娃，如果你抱着它，这个时候，它其实可以发挥很多作用。例如：

- 它能够舒缓你的情绪，让你更加淡定和自信地面对镜头。
- 它能够让你“无处安放的双手”有了最合适的摆放位置和姿势。
- 它能够丰富视频画面的色彩。
- 它能够从视频构图上弥补某些缺憾。

✌它能够让视频内容变得更加温馨和亲切。

某些看起来“没啥用”的创意道具，在关键时刻，能够让你收获意想不到的惊喜。举例如下：

✌当你拍摄唱歌视频时，你就会发现“头戴式大耳机”真是一个好工具，它既能帮你监听（唱歌时聆听伴奏和自己的声音），也能帮你让视频画面显得更加专业。

✌对于喜欢在海滩拍摄视频的美女来说，丝巾、披风和墨镜的重要性不言而喻。

✌迷你 LED 台式屏，在显示文字方面，比 A4 纸手写模式更加高端和大气。如果你的视频拍摄经常需要展示各种文字，那么，这个道具就是一个很好的选择。

第 043 招 心怀善意，你的创意才有价值

有一段时间，某些短视频平台上很流行“手抠地球 100 天”的视频。视频的内容，就是某位男生用手指按着地面，不断地旋转手指，然后将地面的泥土一点一点地挖出来。视频的开头，该男生都会说一句：“今天是我手抠地球 100 天的第几天……”

这类视频的确能够博君一笑，因为你发现世界上竟有如此无聊的事情。这类视频虽然带有一定的创意，但是，该创意非恶意亦非善意。

只有善意的创意视频，才会得到用户的喜爱和平台的助推，因而拥有长期的传播力。

那么，如何将善意和创意结合到一起呢？举例如下：

✌如果你是一个网红，你举办了一个活动，邀请粉丝跟自己合拍段子。粉丝从外地乘飞机来找你，你带着团队到机场迎接粉丝。那么，这个时候，你们就可以拿着一张迷你横幅，上面写着“热情欢迎某某粉丝团的某某人”，看到粉丝出现时，就来一个热情的欢迎仪式。将这个过程拍成视频，你的所有粉丝看了之后，都会很感动。

✌如果你是一个果农，中秋节的时候，你可以将多个苹果摆成四个字：中秋快乐。

✌如果你是一个机器人专业的大学生，你创造了一个自动捡垃圾的机器人，你到公园散步时，这个机器人一直跟着你并且自动化捡垃圾。

第044招 “勿意、勿必、勿固、勿我”

快手带给我们很多惊喜和机会。当我们遇到困境、身处低谷，或想告别平凡、创造奇迹时，快手总能让我们看到相关的榜样和机会。

孔子曰：“勿意、勿必、勿固、勿我。”

对于短视频创业，亦然。

- 有一个姑娘，因为车祸失去了一条腿。她没有放弃人生的希望，通过拍摄舞蹈视频，以其坚强、自信的品质，赢得了几百万粉丝的关注和支持。她没有认为别人放弃和看不起自己，没有凭空猜测、主观臆断。这就是“勿意”。
- 有一个卡车司机，在保证行车安全的前提下，将自己行车途中遇到的各种艰难险阻拍成视频，赢得了几百万粉丝的关注。他没有认为别人必定追逐颜值和美景，他坚持分享卡车之路

的各种辛酸和挑战。这就是“勿必”。

- 有一个服装地摊小老板，她从广州上下九拿货，一边摆地摊一边拍视频，不但摆地摊时拍视频，回到家里也拍视频。她把出租屋变成了一个小小的服装展示室。随着越来越多的粉丝支持，她将部分收入继续投入付费广告中，因而吸引来更多的精准粉丝。目前，她的粉丝数量已达 1 200 多万。她没有以固化的思维认为自己摆地摊就必须一辈子摆地摊，她把握了短视频的商机，珍惜了快手的流量，她演绎了自己全新的创业故事。这就是“勿固”。
- 有一个大网红，他在快手上吸引了 4 000 多万粉丝的关注。随着他的快手电商生意的壮大，很多新人慕名而来，拜他为师。他收了很多徒弟，带他们拍段子和做电商。他将很多机会逐步让给徒弟们，让他们有更好的发展空间。因此，他凝聚了一个大号矩阵。他与徒弟们通过视频和直播的方式，相互介绍，相互导流，形成了一个日趋强大的网红圈子。他没有自以为是，他广结善缘。这就是“勿我”。

勿意、勿必、勿固和勿我，是四种优秀的思维模式，也是四种不同却相互影响的人生态度，对我们在短视频创业方面的方向选择、人设定位、视频制作和创意选择，都有重要的启发意义。

第045招 打造自己的创意小组，或者加入优秀的创意圈子

如何打造自己的创意小组？你可以参考以下思路：

- 如果你是个人创业者，你可以找一些志同道合的朋友，组建一个交流群。群里的每个成员，每天分享一个创意视频或创意点子。
- 如果你有自己的团队，那么，每天 9:00—10:00 开会，主题是“昨日最佳创意视频交流会”。每一位同事都将昨天看到的最富创意的三个视频播放给大家观看，然后，大家探讨哪些创意、思路和细节值得自己学习。

- 在交流期间，可以给予表现最好的成员奖励；加重敷衍了事的成员第二天的任务。
- 在交流即将结束时，确定当天要拍摄的视频主题。
- 视频拍摄后，发布到快手，购买作品推广服务。推广完成后，对广告效果数据进行截图，以便第二天开会时进行交流和分析。

如果你无法组建自己的交流群，也没有自己的团队，那么，你可以加入别人的创意圈子。以下是两个基本思路：

- 本书的读者，大多是快手领域的运营者或创业者，大家可以扫描本书封面上的二维码，加笔者为好友，志同道合者，可以加入笔者创建的“快手视频创意交流群”。
- 当你在网络上购买短视频领域相关的课程时，也可以咨询授课老师“有没有视频创意交流群”。

第六部分

涨 粉 篇

第046招 只有1万粉丝，有人却做到了月收入数万元

对于短视频创作者而言，快手与其他短视频平台最明显的区别在于“更容易变现”。

很多创作者都跟笔者反馈:“在变现方面,其他平台上的10万粉丝,都比不上快手上的1万粉丝。”

在快手上，我们经常看到这样的案例：

- 直播间只有十几个精准客户，就可以成交1 000多元。
- 某些账号只有1万粉丝，就可以通过直播卖货月收入数万元。
- 某些培训讲师只有10万粉丝，就可以通过知识付费课程月收

入 10 万~50 万元。

- 某肠粉早餐店的老板，只有 4 000 多粉丝，靠快手直播，一个月就收了 50 多位徒弟。
- 某位音乐老师，有 200 多万粉丝，其几十元的音乐课程就卖了几万单，累计业绩达 300 多万元。
- 当然，某些大网红通过快手直播一个小时卖货几千万元或过亿元的案例，我们就不分享了。因为那种案例，背后有多维度的成功要素，非一般人可以快速模仿。

快手对于创作者而言，之所以更容易变现，主要有以下几条原因：

- 快手有浓厚的社区文化。
- 快手用户的活跃度比较高。
- 用户关注的账号，大多是自己“确认过眼神”（认真筛选）的，因此更加精准。
- 快手直播有浓厚的电商文化，用户在观看直播时，对于主播卖货是持理解的、接受的心态。
- 快手有强大的闭环设计，你可以通过“创造极致视频、付费精准推广、吸引精准粉丝、推荐精准商品和直播卖货”这五步不断打造良性循环系统。

第047招 你为粉丝准备了什么超级惊喜

明白了精准粉丝对整个账号变现的重要性，你就会愿意付出更多的努力去迎接他们。

你的视频富有价值，你的账号就能吸引粉丝；你的视频能够带给粉丝超级惊喜，你的账号就能吸引巨量粉丝。

那么，如何带给粉丝超级惊喜呢？

✌有与众不同的胸怀和格局的人，才能运营出与众不同的账号。让利给粉丝，粉丝才能变成“老铁”。

✌“力出一孔，利出一孔。”你要将全部的力量集中到一个创意视频的拍摄、制作和推广上。当你创作一个视频的时候，要全神贯注地去做好它，不要分心，不要忧心忡忡。

- 你要有非凡的创想，敢于不断地突破自己的视频制作水平，敢于提出更奇妙的创意，敢于构思更加震撼的剧情。
- 你要想粉丝之所想。在视频的评论区，你可以发现粉丝的真实想法。当然，你要引领或超越粉丝的想法。
- 你为视频付出的一切努力，粉丝一般都能感同身受。他们会看到你满满的诚意。
- 你要尊重粉丝，而不是以高高在上的姿态面对粉丝。你要谦虚而真诚。
- 你平时要多积累素材，由某些素材相互组合，就可以创造出高质量的视频，带给粉丝更多的惊喜。
- 你要观察和研究行业里相关的各种道具，有时候，简单的道具也会有神奇的作用。
- 你可以尝试着在五星级酒店的大堂或豪华的西餐厅拍摄视频，换一个场景，换一种全新的角度，收获一种全新的体验。

第048招
作品推广，一个如此神奇的功能

当你的账号有了一定的粉丝基数（吸引了一定数量的粉丝）时，你的每一个新视频，都能够快速地获得部分粉丝的点赞、评论和转发。这些互动，能够让你的新视频获得更多的推荐流量。

很多人运营快手，只是随意地发作品，然后默默地等待某一个视频上热门。这样的模式能成功吗？答案是：能！但是，会比较缓慢。

商场如战场，短视频创业亦是如此。谁能够在最短的时间内吸引最多的粉丝，谁就能做好快手电商。

短视频创业者必须明白：你的目的不是零投入，而是高收入。因此，找到投入与产出的平衡点，才是关键。

想一个人默默地把事情做成和做大很难，因为你借用的力量太少。

想快速将账号运营成大号，你必须借助平台的力量、网红的力量、粉丝的力量以及自己团队的力量。

那么，有些人可能会问："零广告投入都能做成大号才算神奇，用付费广告的形式来做成大号，有什么神奇的呢？"

快手的付费广告，有以下几个特点：

- 价格低。
- 可以大量测试。
- 投放精准。
- 转化率高。

当一个平台的付费广告具备以上四个特点时，就意味着这个平台的游戏规则是多赢的。

借助付费广告，你的每一个视频，都将赢在起跑线上。笔者长期研究快手的付费广告，积累了以下一些经验：

- 你为视频购买推广服务之后，快手的广告系统会在投放结束时自动给你的视频提供数据报告。

- 你可以清晰地看到付费广告给该视频带来的曝光量（视频展示在用户面前的数量，不等同于播放量）、播放量、点赞量、评论量、粉丝量、转发量和进入首页数量。在这些数据之间的比例中，你要找到规律，以便对后期的每一次投放都心中有数。
- 发现页的用户变为账号的粉丝之后，你投放关注页广告时，成本就大大降低了。
- 前期最重要的事情是做极致视频、小额投广告、分析数据、优化视频和追加投入。
- 如果视频质量差，哪怕你不断地投放发现页广告，你的账号也留不住人，这会导致你无法高效地使用关注页的广告，因为你的粉丝数量不足。

第049招 一个作品上热门之后，将带动全部作品

有些人说：“哎，我都不知道怎么进行下去了！我的作品如此优秀，却得不到足够的推荐流量。”

你可以问问你身边的亲人、朋友和同学：“你为别人付出得多吗？”相信很多人都会说：“我为别人付出太多了！”

人们总会习惯性地认为自己的东西是比较优秀的，自己的付出是比较多的。在短视频领域，只有少数的人会说：“因为我付出太少，所以才会做出如此平庸的作品。”

古人云：“莫道君行早，更有早行人。”

我们要客观地看待自己的作品，看看它们是否真的很优秀。

如果把短视频的风口比喻为春天，那么，我们就应该在春天播下超级种子。这个超级种子，就是极致的视频。

董明珠曾说：“穷人不要攒钱，要攒机会，把握好一个机会，你将赢得更多。”

对于短视频创业者而言，视频上热门，就是机会。

当你的一个视频上热门之后，有一部分观众会迫不及待地想看你的其他作品。因此，他们会进入你的主页查看其他视频。

你的其他视频，要跟上热门的那个视频一样优秀，或者更加优秀，观众才愿意关注，然后变成你的粉丝。粉丝“初入贵地”（第一次进入你的账号首页），他们会看你的主要视频的互动情况，如果互动情况火热，他们就会对你刮目相看。

为了源源不断地吸引更多粉丝关注，你在制作视频时，可以参考以下四个建议：

✌开头有主题。

✌末尾有预告。

✌视频有惊喜。

✌主题有连贯。

第 050 招

热门助推功能带来的强大效果

从视频创作的角度而言，你的视频能够赢得助推，你的创作能力才算真正的强大。

快手的助推计划，有点像发放奖学金，优秀者将获得更多奖励，以拥有更多的热情和信心创作出更多优秀的视频。

助推是一个“三赢”的方法，创作者获得更多的流量，用户获得更好的体验，平台获得更好的内容。

视频赢得助推是短视频创作者的重要目标，也可以是公司内部创作人员的奖励指标。

当视频获得助推时，你要及时推出新的高质量视频，这样就能乘势而起，因为部分观众会进入你的账号首页以观看其他视频，而你的新视频，将默认出现在第一个位置。

当然，如果你的账号是认证号，就更方便了，因为认证号可以置顶三个作品。

那么，什么样的视频在投放广告时能够赢得助推呢？

✌正能量的视频。

✌用工匠精神创作的视频。

✌唯美的视频。

✌符合官方文化定位的视频。

第 051 招

作品上热门，你的账号真的准备好了吗

有的账号，其中一个视频上了热门，赢得了几百万次的播放量，却只吸引来几千粉丝关注，原因就是账号里面的内容没有准备好，或者说账号里面没有优秀的作品矩阵。

作品矩阵，就是多个优秀作品之间彼此相互导流，从而形成良性矩阵。

为了更好地承载热门视频带来的流量，你可以参考以下建议：

- 一个账号发布十个视频以上，更容易留住人。
- 一个账号在成为大号之前，视频的风格要尽量地保持统一，以给观众留下更好的印象。

- 风格统一，你更容易批量化地创作视频。
- 尽量少用横屏视频和正方形视频，竖屏视频更受用户和平台欢迎。
- 开通快手小店，将流量引导到商品页面。
- 如果你觉得某个视频很可能会上热门，那么，你在发布该视频时，就嵌入商品链接。
- 如果你上热门的那个视频没有嵌入商品链接，那么，你可以再发一个新的视频，嵌入商品链接。

第052招 找到转化率最高的那个视频，大胆追加广告投入

在整个短视频创业过程中，最难的一步就是创作真正受观众喜爱的视频。一旦你解决了这个问题，那么，恭喜你！你的短视频创业之路，将变成一片坦途。

对于一个账号来说，有了优秀的作品，一切都会水到渠成。因为，你只需要投入少量的广告费，就可以“激活视频”（让视频上热门）和“盘活账号”（提升账号里所有视频的热度）。

你为作品投放广告时，要不断地分析各种数据，然后，找到转化率最高的那个视频，大胆地追加广告投入。转化率包括以下几个方面：

- 播放量除以曝光量，比例越高越好，代表视频的封面、主题、标题、内容和音乐很有吸引力。
- 粉丝量除以点赞量，比例越高越好，代表观众愿意因为你的一个视频而关注你。
- 营业额除以广告费，比例越高越好，代表你的视频与产品的相关性很强，粉丝信任你、支持你。

以下，是笔者投放付费广告的一些经验：

- 并非所有作品都能购买付费广告，一般来说，30 天之内的正规作品，才可以投放广告。
- 笔者曾经给一个视频投放了 100 多次广告，经过大量的优化，做到平均每投入 4 分钱就能够吸引一个精准粉丝。你可以算一下，以此模式，吸引 10 万精准粉丝，只需投入 4 000 元左右的广告费。
- 达到以上效果，核心方法如下：前期给该视频购买发现页广告，选择 1 000 次曝光量、展示 2 小时、系统智能投放，投放时间是 19:30—21:30，费用是 8 元左右。

☞如果转化率稳定，笔者就会追加10倍、100倍甚至1 000倍的广告投入。

☞以上方法带来的效果，因人而异、因作品而异，你要找到适合自己的方法。

☞你的一切准备和努力，就是为了等待转化率最高的那个视频出现，因为它“一可敌百”。

第053招 直播间“秒榜”，有所为，有所不为

快手上的大网红或大电商，大多符合以下部分特点：

- 豪爽（大方打赏其他主播）。
- 创新（作品推陈出新）。
- 坚持（成名之前默默坚持）。
- 颠覆（不走寻常路）。
- 早做（很早就入驻快手）。
- 追随（长期购买付费广告）。

✌大方（让利给粉丝）。

✌借力（懂得整合资源）。

在所有增加粉丝的方法中，最令人震撼的，估计就是直播间“秒榜”了。

当你给某些直播间的主播送礼物时，如果礼物感动了主播，他们就会“投之以桃，报之以李”。他们会主动介绍你或让你自我介绍，然后推荐粉丝关注你的账号（并非 100%，有些主播可能会无视你的礼物）。

每一次“秒榜”，你都要计算清楚转化率（前文已经介绍过转化率）。如果转化率低于快手官方的作品推广，那么，你就可以专心去投放付费广告。

其实，如果你懂得管理，你的资金完全可以“兵分多路”，因为这条路径更加合理和长久：

✌一部分请人才。

✌一部分买作品推广。

✌一部分“秒榜”。

✌一部分变为产品福利。

✌一部分举办活动。

在这几种方法中，你要找到一个最适合自己的比例。这样，你的每一分钱，都将创造更多的价值。

那么，“秒榜”时，要注意什么呢？

✌对方的账号与自己的账号没有关联性的，不参与。

✌对方的粉丝属性与自己的产品调性不匹配的，不参与。

✌主播不懂得感恩的，不参与。

✌竞争激烈、哄抬价格的，不参与。

✌主播不帮你介绍和推荐的，不参与。

✌你可以先把产品寄给主播，让主播心中有数。

第054招 拥有百万粉丝和千万粉丝的账号，都有这些特点

在快手上，电商可以做成网红，网红可以做成电商；明星可以带货，带货可以成就明星。这就是快手的奇妙之处。

快手不像娱乐圈，快手更像是一个生活圈。它真实、温暖和充满各种可能。

快手像一片沃土，成就了无数的大号。那些拥有百万粉丝和千万粉丝的大号，大多具备以下部分特点：

- ✌态度：更加敢于吃亏和尝试。
- ✌优势：有自己的过人之处或一技之长。
- ✌付费：几乎每一个视频都会被投放广告到关注页、发现页或同城页。
- ✌活动：经常举办活动，让利给粉丝。
- ✌模式：美人、美景、美声（声音和音乐）、美意（视频立意）、美品（人物的品质）、美效（视频特效）和美行（好行为赢得好口碑），众美和合，稳步上热门。
- ✌循环：通过直播送福利，发转发红包邀请粉丝分享直播间，吸引新人关注账号，产生效益之后继续让利给粉丝，形成良性循环。

第七部分

信任篇

第055招 你是想"割韭菜"，还是想"培养参天大树"

如果粉丝不信任你，你拥有再多的粉丝也无济于事。当你直播卖货时，在线用户很多，成交订单量却很少，你就需要反求诸己了。

有的人做短视频是想"割韭菜"（为了短期利益而不惜背叛粉丝），有的人做短视频是为了"培养参天大树"（长远心、树品牌、做大事）。

目标不同，行为自然不同。

有的人，给人感觉是"值得信赖"的；有的人，却让人产生"对待此人要谨慎"之感。

我们的一切努力和诚意会自然地流露在一言一行之中。

为什么有人在直播卖货时，30 秒内就能成交 3 万单？因为他有长期积累下来的口碑。

你羡慕别人的业绩，但你有没有学习别人“一诺千金”的品质？

✌说好日更（每天更新一次作品），你真的日更了吗?

✌说好日播（每天直播一次），你真的日播了吗?

✌说好几点开播，你真的准时开播了吗?

✌说好感谢粉丝，你真的对粉丝心存敬畏了吗?

✌说好要回馈粉丝，你真的让利了吗?

✌说好不辜负粉丝，你真的成长了吗?

✌说好带着粉丝成长，你真的长期分享高质量的视频了吗?

第056招

珍惜每一个粉丝的关注，“你若不离，我必不弃”

有的人会问：“同样是玩快手，一段时间过去了，为什么我的粉丝依然寥寥无几？”

如果你的账号垂直度不够，就很难吸引和留住精准粉丝。那些发展得很好的快手创业者，在选定一个细分领域之后，大多全身心地投入快手视频的创作、运营和变现上。

专注，才能创作出优秀的视频。优秀的视频留给粉丝的印象，要么是有趣、好玩、感人，要么是干货多（富含价值和秘诀）、有用、超值。

观众对自己无法触达的领域总有天然的好奇心。

为了不辜负大家的好奇心，你的视频必须符合如下几个标准：

✌立意有新意（全新的创意）。

✌内容有爆点（有让人惊喜、意想不到之处）。

✌情感有共鸣（正能量、使人感同身受）。

✌视频质量高（高清、大气、竖屏）

作为快手账号的运营者，你不仅要关注粉丝，还要关注粉丝的幸福感，只有关注人性和真、善、美的创作才有意义。

回报粉丝最好的方法，就是持续、稳定地创作高质量的视频。

✌不要因为账号暂时没有足够的粉丝就停止创作。

✌不要因为视频暂时没有上热门就停止创作。

✌不要因为快手小店暂时没有订单就停止创作。

是的，只要你能够持续地制作高质量的视频，上面的三点都是暂时的。

“你若不离，我必不弃”，相信这将是你的粉丝的心声。

第057招 粉丝的支持与“流量爬坡”

在快手，你要成为与别人不一样的“烟火”。

你的账号要发展，你就必须关注粉丝的反馈。当你结合自己的兴趣爱好和粉丝的真实反馈创作出全新的视频时，粉丝就会对你刮目相看。

任何视频在发布之后，都将面临“流量爬坡”的过程。

快手会给你的视频一定数量的推荐流量，然后根据用户的真实反馈来决定是否给你更多的推荐流量。这个过程，就是你的视频“流量爬坡”的过程。

你的粉丝对视频的点赞、评论和转发将帮助它传播得更远。

以下是笔者总结的一些经验：

- 根据以往的经验，你应该专注于创作那些比较受欢迎的类别的视频。
- 你应该在视频简介中感谢大家的点赞、评论和转发，并邀请粉丝将视频分享给有需要的人。
- 每个视频最早的十条评论，你应该尽量回复。
- 每个视频最详细的十条评论，你应该尽量回复。
- 能够启发粉丝思考和讨论的评论，你应该尽量回复。
- 购买关注页广告，吸引粉丝留下最初的五十条评论；再购买发现页广告，吸引新粉丝留下全新的评论。
- 当视频获得免费推荐流量时，你应该购买作品推广服务，观察数据的变化。如果数据变现良好，就继续追加广告投入。
- 一个优秀的视频，可以连续一个月甚至更长时间获得快手的推荐流量。
- 当你希望自己的视频能够长时间获得推荐时，你可以每个星期为该视频购买关注页广告，吸引粉丝点赞、评论和转发。（此举的优势是以更低的成本获得粉丝的点赞和评论，劣势是会让部分曾经看过此视频的粉丝觉得你的账号缺乏新意。）
- 当视频的流量慢慢减少时，你应该尽快推出新视频（最好保持日更，日更的力量是无穷的）。

第058招 视频和直播对产品的信任背书

对于产品宣传而言，视频的优势是真实性强，容易赢得用户信任，因为用户可以看到产品的真实情况；直播的优势是互动性强，容易吸引用户下单，因为用户可以根据自己的需要进行提问，然后及时获得最直接的答案。

在快手上，很多农民每天一边耕种一边拍摄视频。这些视频可以给他们带来如下好处：

- 证实自己的农民身份。
- 证实自己的专业程度。

✌证实自己的用心程度。

✌证实自己的与众不同。

✌证实自己的订单情况。

✌证实自己的直供能力。

✌证实自己的价格优势。

快手用新思路和人工智能解决了商家的信用问题，因此，快手将催生新型的电商模式。

当你直播时，如果有人怀疑你的产品质量，你就可以用最直观的方式展示给他看（衣服可以穿给他看，西瓜可以吃给他看，面膜可以敷给他看，口红可以涂给他看，仓库可以展示给他看）。

第059招 直播间中的契约精神，是你"远走高飞"的基础

"许人一物，千金不移。"

"盛喜中，勿许人物；盛怒中，勿答人书。"

这是古人给我们的忠告。这些忠告对于我们做直播，同样有非常重要的指导意义。

以下是一些网红和电商经常在直播间许诺的例子：

✌直播间左上角的红星数量达到多少，就发出多少红包。

✌直播间人数达到多少，就分享某个核心秘诀。

✌某产品库存只有 1 000 个，拍完即止。

✌刷“穿云箭”的粉丝，可以获得与主播连麦的机会。

✌对于前十个问题，主播必定认真回答。

✌明天几点准时开播。

✌邀请五个幸运粉丝与主播一起拍视频。

✌某月某日，本直播间将推出 9.9 元包邮的购物活动。

✌某月某日，主播将邀请某明星、网红或专家一起开播。

你在直播间中对粉丝许下的承诺，一定要竭尽全力去实现。如果你无法实现，就不要轻易许下承诺。

第060招 日更、日播、周更和周播，培养粉丝忠诚度

日更、日播好，还是周更、周播好呢？

如果凡你出品，皆是精品，那么，两种方式都好。

如果你需要用一个星期的时间才能创作出优秀的视频，那么，保持周更和周播就可以了。

如果你为了凑数量，坚持日更和日播，但视频质量不高，就得不偿失了。

因此，重要的不是多久更新一次视频，而是每次更新的视频是否都是精品。

当然，你也不能一个月才更新一次视频，这样粉丝必定认为你已经

江郎才尽，就会逐步离你而去。

在保证视频质量的前提下，保持稳定的更新节奏，更容易培养粉丝对账号的信任感和忠诚度。

你可以参考以下建议：

- 你可以在账号简介（个人介绍）中注明每天几点更新视频，几点直播，欢迎大家准时观看。
- 如果你的更新周期是一周，那么，你可以在账号简介中注明，为献给粉丝更加优质的视频和直播，视频于每周几更新，直播于每周几开播。
- 你要让粉丝知道你的一切努力都是为了带给他们更多的价值和惊喜，表达方式不限。
- 在直播之前，你可以提前 24 小时发布一个视频对该直播进行预告，然后购买关注页广告以高效地通知粉丝。如果资金允许，可以同时购买发现页广告和同城页广告。
- 周更必火原则：如果你坚持一周更新一个视频，则意味着你对视频的要求很高。因此，当周更的视频发布之后，你必须全力推广。笔者的推广方法是为周更视频购买价格十倍于日更视频的付费广告。

- 每天晚上 19:00—22:00 是更新视频的黄金时段，这个时段的竞争很激烈，很多人在此时段发布视频、做直播。如果你用视频与别人的直播同时段去抢关注页的流量，你会处于劣势地位，因为直播在关注页的排名默认靠前。
- 你可以用直播与别人的直播或视频竞争，用视频与别人的视频或图片竞争，用付费精准推广与别人的免费自然推广竞争。

第061招 因为相信你，所以粉丝不断追随和复购

在传统电商平台上，人们购物往往是“因货找人”，即因为需要某种产品而找到某个卖家。在快手上，人们购物往往是“因人找货”，即因为信任某个商家而跟随他购买产品。

对于直播电商，人们需要的不仅仅是好产品，更需要诚信的、用心的、愿意付出的好主播。因此，三观正、负责任和守信用是一个优秀主播的基本素养。

成为一个更值得信赖的人，就会有越来越多的粉丝追随你。以下是一些例子：

- ✌某位网红在直播间卖东北干货（黑木耳、猴头菇和松子等），为了亲自考察原产地和验货，他趴农地、吃盒饭、打地铺，种种行为让粉丝感动至深。
- ✌某些卖家为了不断让利给粉丝，主动与很多厂家谈价格、谈赠品，通过承诺订单数量拿到无比实惠的供货价。
- ✌某位旅行达人徒步全国，在路途中，他通过视频和直播分享各地的风土人情、地容地貌和美食文化，因此吸引了100多万粉丝，视频播放总量达到几亿次。他在路途中做饭的那款便携式燃气灶具，被粉丝们所喜爱，很多粉丝想购买同款式灶具。

快手为你提供了平台，粉丝为你提供了支持，平台与粉丝不可辜负，这样才能长久地发展。

第062招 不是为了崇拜而崇拜，要带着粉丝一起成长

要知道，一个人是你的粉丝，他同时也是别人的粉丝。

更有意思的是，你的粉丝也有自己的粉丝。

粉丝与你之间不是一种契约关系，粉丝对你的关注，源自他对你的欣赏、尊重、钦佩和喜爱。

不要将“自己的账号拥有多少粉丝”作为炫耀的资本，那只是别人对你的一种信任、托付和祝福。别人将自己的部分梦想寄托在你身上，想亲眼看看当你实现它时的样子。

与粉丝分享价值，带着粉丝一起成长，才是快手账号运营的重点。

以下是一些运营思路：

- 赠送礼物：你可以挑选某个重要视频，从粉丝的评论中选出最优秀的十个评论，送给他们一些礼物。
- 开设课程：快手有知识付费功能，你可以将自己的行业经验制作成免费课程或收费课程，更好地引导粉丝成长。
- 举办活动：邀请部分粉丝与自己一起拍摄视频或制作视频。
- 共同创造：假如你是一个歌手，你可以为自己的新歌举办一个“粉丝作词大赛”，胜出者会得到奖励。
- 同做公益：邀请粉丝与自己一起参加一些公益活动，线上或线下的公益活动都可以。
- 快手群聊：你可以在快手上创建自己的粉丝群，每天准时分享干货。
- 分享喜悦：当你赢得大奖、拿到大单、赚到大钱时，你可以通过送礼物的方式将部分收益回馈给粉丝，感谢他们一直以来的支持。
- 成就他人：为一些粉丝提供快手运营方面的指导，帮助他们成长。

第063招 不断优化和升级“人设”，不忘初心，开拓创新

有一位卖口红的网红，他在卧室、客厅和工作室摆满了口红。无论是拍摄视频还是做直播，随处可见的口红展柜，让粉丝深刻地领略到这位网红的专业度。

有一位女装卖家，她的行住坐卧都在展示各种时尚女装。除了日常的圆台秀（在专业圆台上秀服装）、街景秀和风景秀，她还坚持参加酒店秀、活动秀和舞台秀。

例如，参加某大型活动时，她会拍摄自己在酒店房间挑选合适的衣服的过程，然后以短视频的形式征求粉丝的意见。一小时后，她又拍摄了一个自己穿着时尚服装参加活动的视频。

粉丝会看到她参加活动的整个过程。在这个过程中，她不但分享了自己的服饰搭配经验，也让粉丝见证了她参加活动时的风采，一举两得，恰到好处。

你的人设（人物角色和形象的设定）是什么，你就通过各种方法去优化它和强化它。

有一位音乐老师擅长将音乐教学与各种热点融合在一起，在快手上吸引了几百万粉丝。例如，某首歌曲火了，他就会写出该歌曲的乐谱，然后从音乐教学的专业角度为大家分析这首歌曲走红的原因。这样，不但强化了人设，也借助了热点。

第八部分

感 动 篇

第064招 如果不能触动心灵，你就无法留住粉丝

经常模仿别人的作品，你很难赢得粉丝的尊重，因为他们会觉得你缺少原创的能力。

经常推出平庸的作品，你很难赢得粉丝的敬重，因为他们会觉得你缺少个性和创意。

坚持原创，告别平庸，创作触动粉丝心灵的视频，是每一个快手大号的必经之路。

那么，如何创作出能够触动粉丝心灵的视频呢？你可以参考如下几点建议：

- 你可以观看各种感人的视频，把视频中感人的细节记录下来。当你自己拍摄视频时，你就可以借鉴那些细节，并根据自己的主题对某些感人的因素进行再创新，将那些细节融合到视频之中。
- 没有超越常人的付出，就难以收获雷鸣般的掌声。有一个网红（他有2 000多万粉丝）在拍摄某一个镜头（男主角落魄时，大卡车从他的身边经过，滚滚尘土扑面而来；大卡车离开时，男主角从头到脚沾满厚厚的尘土；他咳嗽时，口中吐出来的也是尘土）时，为了拍出“口吐尘土”的落魄感觉，他毫不犹豫地从地上抓起一把土放入口中……
- 男主角抓泥土放进口中的动作不推荐模仿。但是，他为拍摄视频而不惜劳苦的精神令人肃然起敬。
- 有一句歌词说“没有人能随随便便成功”，的确如此。某些电商卖家直播卖货结束后，为了保证每个订单都能及时发货，凌晨两三点依然在指导仓库人员的工作。这种作息习惯不可模仿，但这种精神值得学习。
- 只有真正地把观众当观众，把粉丝当粉丝，把客户当客户，我们才能倾注全部的热情和精力创作出触动心灵的作品。

第065招 前三个视频只有100人观看，你能否耐得住寂寞

一个账号有没有前途，不是看它最初几个视频的播放量，而是看视频的质量有没有在同领域中达到领先水平。

视频质量高，账号就有前途。

优秀的视频辅以适当的付费推广，很快就能吸引许多精准粉丝。

然而，当有些人看到自己的前三个视频只有100人观看时，瞬间就对短视频创业失去了信心。

古人云："高筑墙，广积粮，缓称王。"

对于短视频创业而言也如此。

✌"高筑墙"就是优化产品、优化视频、优化技术、优化流程和优化人设。

- “广积粮”就是积累素材、积累创意、积累价值、积累人脉和积累经验。
- “缓称王”就是允许自己晚一点成为大主播、大网红、大明星、大电商。

那么，当我们最初的视频只有很少的人观看时，我们该做点什么呢？大家可以参考如下几点建议。

- 优化时长：10~20 秒的视频更容易上热门。
- 优化封面：视频的封面主题要画龙点睛，这样能瞬间吸引观众的注意力。
- 优化标题：设计具有互动性的标题，常以问号结尾。
- 优化回复：当你回复评论时，要更加专业和热情。
- 优化时间：你应该在黄金时段发布视频，不要三更半夜才发布视频。
- 优化内容：视频没人看，肯定是内容不够震撼。
- 优化组合：你应该推出更多优质的视频。
- 优化广告：你应该先小额投放广告，再根据数据图表不断优化广告投入。

第066招 直播间只有十几个粉丝时，是锻炼控场能力的好时机

笔者的一位朋友在快手刚开始直播时，直播间大多只有 5~15 人。他依然谈笑风生，坚持分享一流的行业经验和秘诀，感动了每一位观众。

很多人说："如果我的直播有几千人或几万人观看，我也同样能够疯狂卖货。"

这些人只看到了结果，而忽略了过程。别人在直播间只有几人或十几人时，就有着诚恳的态度和不甘落后的斗志。别人通过视频、直播、广告和合作不断积累经验，才有了今天万人在线的直播局面。

当直播间粉丝少时，是你锻炼口才、提升推销能力和控场能力的大好时机。你可以参考如下建议：

✌每次直播时，你可以邀请几位“铁粉”（很忠诚的粉丝）参加，让他们提出精准的问题，引导更多粉丝参与互动和提问。

✌刚开始直播时，不要以卖货为目标，而要以锻炼能力为目标，这样你将进步得更快。

✌当直播十场之后，你可以尝试着推荐产品。

✌优秀的直播，内容和流程是需要设计的。你别说“某些大网红在直播时只是在闲聊”，他们不是你学习的榜样。

✌什么时候寒暄，什么时候分享创业故事，什么时候试探成交意向，什么时候限时促销，都是有很多讲究的。这个流程，你需要不断地进行打磨和优化。

✌刚开始直播时，你要多留意直播间的各种按钮、功能和细节，还要观察自己的着装是否专业、神情是否淡定及应变是否自如。

✌直播是一个修行的过程，也是一个完善自我的过程。

第067招 只有极致的作品，才能感动观众

有一个宣传河南景点的卡点视频（节奏感很强的视频，镜头切换与音乐节奏相匹配），短短30秒，集合了180多张高清图片，瞬间感动了观众，播放量超过500万次。

有一个卖银饰的快手电商，发布了800多个作品，赢得了50多万粉丝的关注，快手小店卖货14.2万件。

如果要感动观众，视频的质量要高，视频的数量要多。但是，无论如何，质量是基础，在保证视频质量的前提下再追求数量。

如何创作出极致的作品？你可以参考以下思路：

✌心态：你把自己当成大导演，你就会追求极致的作品。

✌讨论：与志同道合的伙伴开展头脑风暴，为每个视频植入 1~3 个梗（有爆点、有高潮、有神转折）。

✌版本：为同一个剧情拍摄多个版本的视频，优中选优。

✌赋能：为视频注入更多令人眼前一亮的元素。例如，一位妈妈为了帮孩子拍摄优质的视频，买了五十多套各种风格的服装。

✌对比：你可以在快手搜索相关视频，找到同类视频的优点。

✌重来：观看大量参考视频之后，你应该以更高的标准拍摄和制作视频。

✌调查：了解粉丝希望看到什么样的视频。

✌付费：你应该邀请更优秀的人才，购买更有创意的道具，租用更合适的场地，选择更高效的软件，投放更精准的广告。

第068招 活在感动中，才能持续创作出令人感动的作品

氛围非常重要。

在一个专注于写作的圈子里，你能够与谁探讨视频创作呢？

在一个专注于传统店铺的圈子里，你能够与谁交流电商运营呢？

在一个缺乏创意的普通生活圈里，你能提出什么伟大的创想呢？

从“孟母三迁”的故事中，我们就能了解环境和氛围对个人成长的重要性。孟子的母亲为了给孩子提供一个良好的成长环境，曾经多次搬家，先后舍弃“近于墓”“近于市”“近于屠”的三处住所，最后选择定居在“学宫之旁”。

我们如果要创作出令人感动的作品，就必须时常活在感动之中。你可以参考以下思路：

- ✌当你看到感人的视频时，你应该认真分析它的原理。它为什么会令你感动？是哪个因素感动了你？
- ✌你应该将所有感人的细节、要素记录到思维导图中。当你无法创作出感人的视频时，就看看这张思维导图。
- ✌当你看电视剧、电影和视频，遇到感人的地方想流泪时，就尽情地流泪，不要压抑自己。在流泪的过程中，你要全身心地去感受这些作品与众不同的地方。
- ✌当你尝试着与朋友分享一些感人的故事时，看看你的故事能否令人泪流满面。
- ✌笔者有一次出差时在某机场打车，上车之后，司机就抱怨："帅哥，接你这个单，我实在是不乐意啊，目的地太近了，我在机场排队等了一个多小时，得不偿失呀！"笔者就说："师傅，不用担心！等到了目的地，你用十分钟的时间与我分享一个你人生中最感人的故事，我就多补给你 100 元。"

第069招 让美与感动在你的作品中流露

在短视频平台上，漂亮的女孩很多，能够感动他人的女孩却不多。

古人的审美观是以德为美。

在群芳竞艳的氛围下，单纯靠颜值异军突起已经越来越难了。

但是，如果你发现了自己内在的美，这种美就能够让你脱颖而出。以下是两个例子：

✌有一个女孩从小喜欢木工、木艺，她从师傅那里学到了古代建筑工艺中的榫卯工艺。她为了推广榫卯工艺，坚持拍摄视频，分享自己运用此工艺制作各种家具的过程，赢得了几十万粉丝

的关注和赞扬。

✌有一个女孩颜值很高，却坚持“艰苦奋斗，自力更生”。她选择了在搬运行业工作，每天大包小包地把货物扛在肩上。虽然视频中的她每次都是汗流浃背，但你从她淡定、自信和坚强的笑容中，可以感受到一种与众不同、更深层次的美。

单纯靠“卖个萌”、露个表情、回眸一笑，就想赢得上百万粉丝的关注和支持，这种做法已经行不通了。

内心之美、奋斗之美、坚持之美，成为了新时期短视频平台的主旋律。

第070招 短视频的奇迹，从感动自己的那一天开始

有一个男生在山上搭建了一个露天酒吧。一砖一瓦，一草一木，一步一个脚印，他用视频的方式为粉丝汇报每一天的进展。他将一片荒地变成了一个现代化的露天酒吧。

一个十几岁的孤儿住在一座杂乱不堪的废弃土屋中。有一天，他决定将这个屋子收拾干净。于是，他用延时摄影（又叫缩时摄影、缩时录影，英文名称是 Time-Lapse Photography，是一种将摄影时长进行压缩的拍摄技术）的方式记录了全过程，然后以视频的形式发布到快手，该视频赢得了几百万次的播放量。

把那些唯有以超强的毅力和耐心才能做到的事情以几十秒的浓缩视频呈现出来，就能够瞬间感动你自己和观众。

如果你想拍摄自己工作或创业中的一些感人片段，你可以参考以下建议：

- 拍摄领导早上准时在公司门口迎接员工的视频片段。
- 拍摄设计产品图纸的视频片段。
- 拍摄严抓产品质量的视频片段。
- 拍摄领导带着员工一起跑步的视频片段。
- 拍摄在创业初期追赶公交车却赶不上的视频片段。
- 拍摄推销产品被拒绝的视频片段。
- 拍摄年轻时虽有梦想，但因为一无所有，被另一半抛弃的视频片段。（这类视频，大多是后期请演员来拍摄的）
- 拍摄在仓库安排员工发货的视频片段。
- 拍摄自己为客户打包箱子的视频片段。
- 拍摄为了实现产品的某种功能或效果，多次尝试或测试产品性能的视频片段。
- 拍摄深夜加班的视频片段。
- 拍摄清晨 5:00 就开始上班的视频片段。
- 拍摄亲自给客户送货的视频片段。（适合实体店）
- 拍摄为了保证产品质量，不惜劳苦的视频片段。
- 拍摄助人为乐的视频片段。
- 拍摄在创业期间遇到困难时，泪流满面的视频片段。

第071招 提高短视频创业的成功率

稻盛和夫在《干法》这本书中说：“要取得事业和人生持续的成功有两个条件。第一，你要做一个好人；第二，你必须付出不亚于任何人的努力。这样就会实现自助、人助、天助，你自身的潜力可以得到充分发挥，你周围的人会由衷地支持你，你的成功将不可阻挡。”

在短视频领域，如果你能够持续地创作高质量和感人的视频，你将同时获得自己、粉丝和平台的帮助。你在短视频领域的创业，成功率将大大提升。

唯美的视频能够赢得掌声，感人的视频能够赢得热烈的掌声。

唯美的视频让人默默地羡慕；感人的视频却能让人行动起来，努力前行。

如何持续地创作感人的视频？你可以参考如下几点建议：

- 高度热爱自己的行业。
- 把短视频当作五年、十年甚至一辈子的事业来做。
- 时刻记录灵感，时刻拍摄感人的视频片段。
- 用心去感受这个世界、理解这个时代。
- 找到一生所爱，创作感人的视频。

第072招 趁年轻，去完成一个壮举，无愧于粉丝

那些穿越沙漠、徒步全国、骑行去西藏或环游世界的人，总是令人肃然起敬。

有人说：“同样是走过十万八千里，白龙马完成了西天取经，而驴子却一辈子默默无闻。因为白龙马有一个伟大的目标，而驴子没有。”

日常点点滴滴的努力，能够感动别人；但只有那些常人无法实现的壮举，才能感人至深。

快手上“从一束光开始”的运营者是马小马，他坚持公益路线，凝聚了将近300万粉丝，视频总播放量达几亿次。

马小马是记者出身，在十年的时间里，筹集了7000多万元的善款，

帮助了无数的穷苦人家。他不辞劳苦、风雨兼程、十年如一日地坚持做公益活动。

从 2019 年 3 月开始，马小马将全部心血倾注到“从一束光开始”这个账号上。

这个账号让无数人看到了人间的温暖和真情，马小马的故事让人肃然起敬。

从马小马身上，我们可以有如下几点启示：

- 帮助他人，成就他人，人生会更有意义。
- 趁年轻去完成一个壮举，你将因自己没有虚度时光而一生无愧于心。
- 用视频帮助有需要的人，用视频传播真、善、美，用视频凝聚更多的力量。
- 再苦再累，也心甘情愿；风吹雨打，依旧一路前行。
- 从一束光开始，内心的美好能够点亮希望。

第九部分

热门篇

第073招 一个“神评论”，或许就能让视频上热门

良好的互动情况（完播、点赞、评论、转发和收藏等），能够帮你的视频赢得更多上热门的机会。

一个视频赢得很多评论，很大程度上意味着如下几点：

- 该视频有一定的价值。
- 该视频有一定的讨论性或争议。
- 该视频值得让观众留下评论。
- 对视频内容未尽部分，粉丝可以在评论区互动。

那些经典、深刻、画龙点睛和富有启发性的评论被称为“神评论”。一个“神评论”能给视频带来以下影响：

- 启发观众从其他角度思考问题。
- 引导观众参与讨论。
- 对视频内容进行高度概括。
- 让新观众快速了解视频的主旨。
- 让新观众快速把握视频的特点、笑点、卖点或亮点。

总之，“神评论”能够提升视频和账号的热度，有助于视频上热门。那么，我们该如何用好“神评论”呢？大家可以参考如下几点建议：

- 发布视频时，你应该在标题中引导大家留下评论。
- 你可以先评论，再引导观众参与交流。
- 发现“神评论”时，你应该主动回复，引导更多人看到这个评论。
- 发现某个评论的点赞量很大时，你应该密切关注或及时回复。
- 观看别人的视频时如果发现“神评论”，你可以记录下来。

第074招 用好数据助手的功能，让视频更容易上热门

爆款视频就是指上热门的视频。

爆款视频分为大爆款（流量较大）和小爆款（流量较小）。

大爆款和小爆款，没有明确的判断标准。对于拥有 100 个粉丝的账号而言，播放量 1 万次的视频，就可以称为大爆款；对于拥有 1000 万粉丝的账号而言，播放量 500 万次的视频，也只能称为小爆款。

打开账号首页，右上角有一个“波浪线”按钮，这是数据助手的入口。

数据助手主要分析两种数据，即粉丝数据和作品数据。

粉丝数据包括如下内容：

- 粉丝数量变化趋势分析。
- 粉丝的活跃时间。
- 粉丝的性别、年龄。
- 粉丝的兴趣类型。
- 粉丝的地区分布 Top3。

从粉丝数量变化趋势分析曲线图中，我们可以看到账号最近七天粉丝总数和粉丝净增数的曲线图，具体分析如下：

- 粉丝总数曲线走向一般都是稳步向上的，这代表账号的粉丝数量稳步增长。
- 如果粉丝总数曲线跌宕起伏，意味着你的账号“有很多人取消关注，但很快又吸引了很多新粉丝”。
- 如果粉丝总数曲线一直向下，意味着越来越多的粉丝对账号取消了关注。
- 粉丝净增数一般都是跌宕起伏的。当视频上热门或投放广告时，曲线就会上升，代表吸引了很多新粉丝；视频不再火热、账号停止更新或停止广告投放时，曲线就会下降，代表每日新增粉丝越来越少。

从粉丝的活跃时间曲线图中，我们可以了解粉丝在哪个时间段最活跃。这一点非常重要，它能带给我们以下启发：

- 在粉丝最活跃的时段发布视频，更容易获得点赞、评论和转发。
- 在粉丝最活跃的时段投放关注页广告，互动率会提高，做到事半功倍。
- 在粉丝最活跃的时段推出直播，将吸引更多人进入直播间。
- 一般来说，第一黄金时段是 20:00—22:00，第二黄金时段是 12:00—14:00。

从粉丝的性别、年龄柱状图中，我们可以了解粉丝的性别比例，以便我们后期有针对性地创作视频。

从粉丝的兴趣类型横线图中，我们可以了解粉丝的三大综合兴趣。

笔者的一个以正能量为主题的账号，粉丝的兴趣类型是“搞笑占 82%、才艺占 58%、美食占 57%”。这些数据意味着如下几点：

- 笔者在拍摄视频时，可以多加入搞笑、才艺和美食类的内容。
- 如果这个账号要转型，那么，最好的选择是“转为搞笑风格”，因为该风格与绝大多数粉丝的兴趣一致。

从粉丝地区分布 Top3 排行榜中，我们可以了解粉丝主要来自哪三个省份。此排行榜能够带给我们以下启发：

✌在拍摄视频时，你可以多融入这三个省份的文化元素。

✌在拍摄视频或直播时，你可以偶尔问候一下这三个省份的朋友。

第075招 分析作品数据，对热门视频了如指掌

在数据助手的作品数据版块中，我们可以看到如下两大类型的数据分析：

- 作品与粉丝增长分析。
- 点赞、评论、分享数据。

从作品与粉丝增长分析曲线图中，我们可以看到账号最近七天发布数、播放数和作品关注数的变化情况。

曲线图的顶部有三个综合数据：发布总数、播放总数和作品关注总数。

播放总数是指你的所有视频的播放总数，作品关注总数是指看了作品后选择关注账号的粉丝总数。这两个数据呈现的都是七天之内的情况，它们带给我们以下重要启发：

- 作品关注总数÷播放总数=播放关注率。
- 播放关注率越高，代表我们的视频质量越高。
- 播放关注率越高，越代表某些视频值得投放付费广告，因为它们留得住人。
- 播放总数很高，作品关注总数却很低，代表我们的视频上了热门或投放了广告，却留不住人。

从点赞、评论、分享的柱状图中，我们可以看到最近七天我们所有视频获得的点赞量、评论量和分享量。它们带给我们以下重要启发：

- 用评论量除以点赞量，数值越大，代表视频越容易上热门。
- 点赞量越来越多，代表账号正处于“爆发期”。
- 点赞量很平稳，代表账号正处于“稳定期”。
- 点赞量很少而且没什么变化，代表账号正处于“启动期”。

第076招 “最受欢迎”与“可能会火”两大功能助你上热门

当你为视频购买广告时，快手的广告系统就会自动分析出你“最受欢迎”和“可能会火”的视频是哪两个。

这背后运用的就是人工智能技术。

在作品推广页面中，你直接在任意一个视频的前面打勾，就可以开始投放广告了。

“最受欢迎”是指在你所有投放过广告的视频中，最受用户欢迎的视频。

“可能会火”是指你的某个视频符合上热门的基本条件或综合质量比较高，因此有可能上热门。

以下是笔者研究“可能会火”这个功能时总结的一些经验：

- “可能会火”并不等同于“会火”。
- “可能会火”视频较量的范围仅限于你自己的账号。
- “可能会火”并不代表你的视频优于他人的视频。
- 对“可能会火”的视频投放广告，综合效果的确是最好的。
- 如果投放效果好（点赞量高、播放量高、关注量高、转发量高或评论量高），那么，就可以不断追加广告投入。
- 对“可能会火”的视频在19:00—22:00之间投放广告，效果会更好。
- 这个功能可以帮助你精准选择投放广告效果最佳的视频，节省广告开支，提升广告效果。
- 视频投放广告带来的互动，能够帮助该视频上热门。
- 视频投放广告获得的基础播放量和点赞量，能够影响新观众更认真地观看视频。他们大多会认为：“这么多人观看和点赞，可见此视频必有过人之处。”
- 利用视频投放广告获得的用户评论，能够引导新观众参与讨论。

第077招 想上热门，必须同时重视关注页、发现页和同城页

《道德经》有云："道生一，一生二，二生三，三生万物。"

对于快手而言，平台的文化、游戏规则和人工智能算法就像"道"。

这个"道"，最喜欢的就是一样东西——内容。这个"道"，不断地吸引、成就、承载和平衡用户的内容。这就相当于"道生一"。

内容有两种重要的表现形式，即视频和直播（尤其是优秀的、精心策划的直播）。这就相当于"一生二"。

无论是视频还是直播，想要高效地吸引粉丝和成交订单，你就必须同时重视关注页、发现页和同城页。这就相当于"二生三"。

当你掌握了以上三大页面的使用技巧时，你就可以吸引粉丝、成交订单、创造无数的奇迹。这就相当于“三生万物”。

当然，你别太刻意地与笔者辩论《道德经》中的这句话究竟是什么意思。上面的分享，笔者是为了让大家更加巧妙地、深刻地理解快手运营的精髓。

以下是笔者的一些运营经验：

- 粉丝少时，多投放发现页的广告；粉丝多时，多投放关注页的广告。
- 做地域号（专注于某个城市的账号）、实体号（实体店的账号）和文化号（专注于某个地区的文化，如广州美食文化、广东粤曲文化）时，多投放同城页的广告。
- 下定决心做大号时，多投放发现页的广告。
- 三大页面的广告投放相互影响，相互赋能。
- 从发现页吸引来的粉丝，以后将可以通过关注页看到你的视频。因此，粉丝达到一定数量时，通过投放关注页广告，你就可以吸引很多粉丝，大大降低广告成本。
- 一个视频要上热门，广告投放的顺序一般是先投放关注页广告，吸引“老铁”点赞、评论和转发；再投放发现页广告，吸引新人关注、点赞、评论和转发。

✌当然，如果你的资金雄厚，可以同时投放三大页面的广告。

✌如果投放了发现页广告的视频效果不佳，就意味着你的视频质量一般，因此，你下一步的重点就是优化视频质量。

✌如果投放了关注页广告的视频效果不佳，就意味着你的视频没有带给“老铁”全新的惊喜，或者你的视频创作方向有所改变，“老铁”尚未适应。

第078招 让观众和人工智能算法同时“爱上你”

大多数人创作视频只是为了让观众喜欢，而忽略了让人工智能算法喜欢。

大多数短视频平台都有人工智能算法的支撑，只是有的平台弱一些，有的平台强一些。

快手的背后有着强大的人工智能算法。这些算法会读取和理解每一个视频的内容（包括标题、封面、色彩、时长、大小、人物、场景、文字、声音、音乐、特效和风格等），并高效、精准地推荐给相应的用户。

观众喜欢你的视频，他们就会热情地与你互动。人工智能算法会分析这些互动数据，然后决定是否为你的视频匹配更多的推荐流量。

因此，想要上热门，你必须让观众和算法都能读懂、理解和喜欢你的视频。

如何让算法更加理解和喜欢你的视频呢？你可以参考如下几点建议：

✌封面干净。

✌封面主题清晰。

✌视频字体易辨认。

✌标题（发布视频时填写的标题）详细，有精准的关键词。

✌视频内容没有违规信息。

✌视频高清。

✌竖屏视频。

✌人物形象清晰（人物漂亮自然更好）。

✌画面平稳（画面摇晃不定显得很业余）。

✌让很多用户点赞、评论和转发。

✌及时回复用户的评论。

✌所有视频的综合评分较高。

第079招 你只管努力，其他的交给“天意”

优秀的视频不一定会上热门，但是，上热门的视频基本上都比较优秀。一个视频上热门，大致的逻辑如下：

- 由观众“投票”（点赞、评论和转发等）。
- 由算法判断是否匹配新的流量。
- 如果匹配了新的流量，再次由观众投票。
- 观众投票之后，再由算法进行判断。

不断地重复这个流程。

这个流程被重复很多次，视频就能上大热门；被重复好几次，视频就能上小热门；一次都不被重复，视频就会默默无闻。

那么，如何让这个流程被重复很多次呢？答案依然是内容。

在上热门方面，笔者有以下心得：

- 能够反映一个账号真正实力的是所有视频的平均播放数和互动数。
- 偶尔上热门，有一定的运气成分。但经常上热门，必有其方法论。
- 上热门的方法论就是极致视频+黄金时段发布+“老铁”基础点赞和评论+小额广告推广+分析数据+追加广告投入+认真回复评论。
- 黄金时段是因人而异的。例如，关于在清晨跑步的视频，在早上发布更好；美食视频在中午发布更好；情感语录视频，在晚上发布更好。
- 视频发布之后，“老铁”的最初互动是非常重要的。如何吸引“老铁”及时点赞和评论？答案是：你要培养自己的口碑，要让用户觉得你的账号很温馨。

- 如果有人成为你直播间粉丝团的成员，这些愿意付费支持你的人就是你的“铁粉”。“铁粉”对你视频的及时点赞和评论至关重要。
- 赵翼有诗云：“江山代有才人出，各领风骚数百年。”对于短视频而言，“平台常有热门出，各领风骚四五天”。
- 短视频平台是快节奏的平台，因为无数网红、电商、“土豪”、美女和帅哥都那么努力，优秀作品风起云涌。只凭屈指可数的几个视频就想长期赢得流量，这样的想法简直是异想天开。
- 你应该培养你的视频创作节奏，尽量准时更新。

第080招 巧妙用好直播，帮助作品上热门

本书的核心关键词是“螺旋式上升”。

账号通过优质视频、专业直播、真诚互动、付费广告和强强联合等方式，彼此赋能，曲线成长，不断增强综合实力，这就是螺旋式上升。

世界上伟大的互联网平台大多都有这个特点:“单点总是容易被超越，而整体却无懈可击。”

从单一的角度、细节和功能去看快手，你是看不出它的威力的。只有熟悉每一个功能，融会贯通，你才能感受到快手的巧妙之处。

视频可以辅助直播，直播也可以辅助视频。

直播时，在线观众大多是很乐意支持你的。你可以对观众说：“我账

号首页的第一个视频是专门为你们制作的，它可以帮你们解决某些问题，你们可以去观看、点赞或评论。”

直播间的点赞、人气和礼物越多，该直播间的权重就会越高，在关注页、发现页和同城页的排名就会越靠前，这将吸引更多精准粉丝进入你的直播间或账号首页。当他们为你的视频点赞时，那些视频就能获得更高的热度，也就更容易上热门。

因此，快手营销中的每一个环节都是相互影响的。

为什么有些大网红和大电商全力以赴专注于运营快手账号呢？因为要把整个流程研究透彻、掌握到位，你的确需要投入更多的时间和精力。

第081招 视频上热门之后，注意流量的高效运用

当你的视频上了热门时，你就会发现，快手的流量是如此丰富和强大。你可能会很兴奋，但兴奋的同时，你可以高效地运用好这些流量。具体方法如下：

- 发布一个与该热门视频主题相关或互补的视频，新视频会默认出现在账号首页的第一位。当有新人进入你的账号首页时，他们很可能会打开第一个视频。
- 如果上热门的视频主题是关于诗词的，你却发布了一个搞笑类的视频，则为与主题不相关。

- 发布新视频时，你可以嵌入商品链接，以便将部分观众引流进入快手小店。
- 你可以购买作品推广服务，精准投放，让上热门“这把火”烧得更旺。
- 你可以开始一场直播。所有观看你热门视频的人，都可能会看到视频顶部有一个“LIVE”(正在直播) 按钮。单击这个按钮，他们就可以进入你的直播间。
- 坚持创作优秀的视频，就会有更多视频上热门。当你有多个视频同时上热门时，你的直播间将因此而火。
- 如果你已经发布过多个优秀的视频，部分新人可能就会关注你。
- 如果你在直播间中表现良好（若是讲师则好好讲课，若是歌手则好好唱歌，若是电商则好好演示产品，切忌在直播间无所事事），部分新人可能就会关注你或下订单。

第十部分

大号篇

第082招 大号的背后，都是魄力和付出

很多人只看到运营者用大号赚钱，却没看到大号有许多用钱的地方；很多人只看到大号在直播间中有超高的人气，却没看到大号运营者日常付出的努力。

- ✌有个 3D 动画大号（近 800 万粉丝）的运营者为了创作优秀的动画视频，平均每集作品投入 5 万元。
- ✌义乌有个村庄孕育了一批快手电商大号，被称为“快手直播村”。在这个村庄中，几乎全民玩快手，全村人每天起早摸黑，拍摄视频、做直播、打包和发货，忙得不亦乐乎。

✌有一个讲师(20 万粉丝)在快手的直播间分享短视频创业经验，日赚 2000 元。他每天下午直播 4 小时，晚上直播 4 小时，第二天一大早继续拍摄课程视频。

✌有一个以扶贫为主题的大号（30 万粉丝）运营者为帮助孤儿、留守儿童读书和穿上新衣服，每天奔波在各大山区，翻山越岭，不畏劳苦，为孩子们洗头、剪发、穿上新衣服，并自己出钱帮助孩子们上学，令人肃然起敬。

下面是相对“土豪”的例子：

✌有一个女装电商大号（1200 多万粉丝）的运营者为了精准地吸引粉丝，每天投入 1 万～3 万元给相关主播送礼物。

✌有一个大网红为了带领一个徒弟做成大号（4000 多万粉丝），每天投入 5 万～20 万元给相关主播送礼物。

第083招 成就大号，需要长远心

曾经有人问笔者：“你最厉害的地方是什么？”

笔者答：“我有长远心。”

✌为了研究短视频，笔者观看了20多万个视频。

✌为了研究广告语，笔者观察了10多万张广告图片。

✌为了研究互联网，笔者阅读了5000多本图书。

长远心，意味着你要看得很远和付出大量的努力。

短视频创业中的任何技巧、方法和绝招，人们都可以复制，唯有毅力和长远心不可复制。以下是两个例子：

- 有一个扶贫大号（70 万粉丝）专注于关心拾荒老人，创始人准备用 10 年的时间将账号做成一个更有影响力的大号。他每天给拾荒老人送大米、棉被、面包，也为他们剪头发、收拾住所，有时还带他们去看医生。他的每一个视频，都让人感受到人间真爱。
- 有一个网红大号（800 万粉丝）的运营者在成名之前，他以农村为舞台，以村民为演员，以生活为题材，默默拍摄了 3 年的搞笑段子视频。从量变到质变，3 年的沉淀和磨炼，让他成为了无数粉丝追随的榜样。

第084招 玩转快手，比的是谁更真诚和更愿意付出

短视频平台深受用户的喜爱。你的视频如果能够赢得用户的点赞，平台自然会给你更多的流量。你的店铺如果能够赢得用户的好评，平台自然会给你更多的机会。

快手是一个崇尚真、善、美的平台，倡导公平、公正、普惠和可持续发展。若想在一个平台做成大号，你就必须尊重平台的文化和规则。

赢得用户的尊重，我们就能赢得快手的尊重。要想赢得用户的尊重，我们就必须变得更真诚和愿意付出。

《朱子治家格言》中有一句话："一粥一饭，当思来之不易；半丝半缕，恒念物力维艰。"快手的用户有着各自的生活，他们尊重勤劳、节俭、阳光和正派的人。

投机取巧之心不可有，一夜暴富之心不可有，奢靡炫富之心不可有。如果我们在拍摄视频时，把观众当成亲人、朋友、同学，我们就能拥有

一股厚实的力量。以下是几个例子：

- 有一个讲师在直播时对观众说：“如果说我有什么优势，那就是两个字——付出！”随后，她向观众展示了自己最近10天为学员解答短视频问题直至半夜三四点的聊天截图（晚睡的习惯不可模仿，但她对学员负责的态度让人肃然起敬）。她的一套99元的课程，在两个月内卖了2000多单。她每一次直播，都能收到1000～2000元的礼物。
- 快手很尊重用户。当你购买快手上的知识付费课程之后，平台会经常询问你“该课程是否让你满意”。
- 有一个光头女主播（200多万粉丝）的颜值很高，却坚持走诗词路线，每天在直播间中为粉丝朗诵和分享古诗。为了对古诗有更深刻的理解，她大部分时间都在家里研究诗词，很少参与年轻人的社交活动。
- 有一个女孩（500多万粉丝）为了证明“女孩可以自力更生，为常人所不能为”，拍摄了近700个视频，视频内容包括在水上搭建竹屋、一掌断砖、自搭灶台、用力抬大轮胎、在农村跑酷、单手俯卧撑、两指俯卧撑、赤脚上墙和肩挑50砖等。她将淳朴的乡村生活演绎成了传奇大片。

第085招 找到与众不同的成长公式，快速螺旋式上升

那些发布了几百个视频的大号运营者大多找到了自己的定位、风格和路线。

他们之所以能够持续地创作大量的精彩视频，是因为他们把选题、编剧、表演、拍摄和剪辑的整个流程理清了。他们为账号找到了与众不同的成长公式。

很多人以为做大号就要懂得非常巧妙的运营方法。

其实，做大号最重要的是持续地创作优秀的视频。

没有优秀的视频，你再精通运营也没用。相反，有了优秀的视频，借助快手的推荐算法，你就能接触无数的观众和粉丝。你所需要的各种机会，一般都会逐步浮现出来。

如何为自己的账号找到与众不同的成长公式？大家可以参考如下几点建议：

- 你有哪种技能、特长或优势是一展示就能让人惊艳不已的？它能否融入你的短视频创作中？
- 在整个短视频创作的过程中，难度最高的是哪个环节？是找选题、编剧、表演、拍摄还是剪辑？
- 为了突破某个环节，你是自学、与他人合作还是外聘优秀的人才？
- 例如，对于笔者的视频创作而言，最薄弱的环节是表演。那么，笔者就可以邀请有表演天赋的朋友来参与，可以免费合作，也可以付费聘请。
- 笔者团队的创业方向是短视频教学，擅长的是 MG 动画制作，那么，我们就可以设计一个独特的视频制作公式：片头真人介绍主题+中间 MG 动画演示课程内容+片尾真人总结=快速制作优质教学视频。
- 如果你在农村，想拍摄正能量的视频，那么，你可以将村庄周围所有重要的、有代表性的场景和道具都拍摄下来，以图片的形式打印或晒出来，然后贴在墙壁上。当你在快手观看他人的视频，发现视频中的某些场景与自己村里的类似时，你就可以思考：这样的场景，如果是我，我将赋予它什么剧情呢？

✌总之，你应该确定公式、突破难题、梳理顺序、大胆测试、不断迭代。

第 086 招

私域流量，“不负平台不负卿”

对于短视频平台而言，私域流量是指创作者自主拥有的、可以自由触达粉丝和反复利用的流量。

据权威报道，目前快手分配给创作者自主掌握的私域流量占比超过30%，高出其他主流短视频平台几倍。

快手的私域流量给创作者带来如下几个好处：

✌更方便地维护粉丝。

✌最大限度地降低营销成本。

✌深度培养粉丝的信任感。

- 容易沉淀品牌知名度。
- 容易赢得更多互动。

快手的“藏富于民”“取之于民，用之于民”的思想和态度，让无数创作者倍感温暖。因为创作者付出那么多努力拍摄视频，不只是为了让观众说一声“你们真优秀”，而是为了实现梦想、让生活更好。

快手分配给创作者的私域流量主要体现在关注页上。用户关注了一个账号，以后就有很大的机会从关注页中再次看到这个账号的视频。

有人可能会问：“其他短视频平台不是也有关注页吗？”

区别如下：

- 其他短视频平台的关注页入口在首页底部或二级页面；快手的关注页入口在首页顶部第一位（黄金位置）。
- 其他短视频平台关注页上的视频展示，一般是一屏一个视频；快手关注页上的视频展示，一般是一屏四个视频。
- 其他短视频平台关注页上的视频，一般是自动播放；快手关注页上的视频由用户自主决定是否播放。

基于以上三个区别，快手上的创作者发布的新视频更容易触达老粉丝。粉丝打开你的视频时，一般都是真的想看你的视频，因为视频不是自动播放的。

有人可能会说："用户大多都是同时关注多个账号的，关注页上的视频竞争也很激烈呀！"

快手用户在关注页看视频时，大多都会从上往下慢慢拉动，这个过程有点像浏览图片，因为视频是以封面图的形式展示的。因此，哪怕用户不打开你的视频，他也可能会看到你的视频封面和主题，这同样能够加深用户对你账号的印象。

从付费广告的角度来讲，在快手上，创作者将自己的视频在 1 个小时内置顶于有 10 万粉丝关注页的第一位一次，价格大概是 8 元，是其他平台价格的 1/3 左右。

第087招 通过发现页管理好私域流量

有了私域流量，人们才会有长期深度创作的动力。因为私域流量让粉丝有了了解创作者的机会，也让创作者有了卖货和变现的机会。

那么，如何更好地用好快手的私域流量呢？你可以参考以下思路：

- 除了视频和直播，你还可以发布图片和说说，一样可以触达粉丝。
- 图片的用途：发布通知、预告活动、展示风采、宣传近照、赠送福利、分享干货……
- 有了关注页，粉丝能够沉淀下来。不用担心视频没人看，你只需专注于创作高质量的视频。

✌别人可以通过关注页看到你，你也可以通过关注页看到别人。如果你和对方相互关注，那么，你们就变成了“好友”。当好友的视频出现在你的关注页时，视频的底部就会显示“好友”两个字。

✌那些在你直播时豪爽送礼物的粉丝，你也可以关注他们。之后，他们发布的新视频就会自动出现在你的关注页中。你可以及时、认真地评论他们的视频，这样能够加深他们对你的印象。你下次直播时，他们或许就会继续支持你。这就是“礼尚往来”。

✌除了发布精准视频（符合账号定位的视频），你还可以发布一些与之互补的视频，如节日祝福视频、活动视频、信誉背书视频、好友客串视频、台前幕后花絮视频、创业历程回顾视频和精彩片段集锦视频等。

✌以上这些视频，能够让粉丝更加深入地了解你。当你卖货时，他们就会更愿意支持你。

✌你可以为精彩视频投放关注页广告，展现时间包括 1 小时、2 小时、6 小时、12 小时和 24 小时五种，按需选择。

✌当你投放关注页广告时，尽量选择与账号主题相关的视频，因为你的视频广告是投放给粉丝观看的。与账号主题相关的视频，能够加深粉丝对你账号的印象。

第088招 不断放大账号的价值

有些人做短视频很用心，虽然也赚了一些钱，但是账号总是做不大，一直徘徊在10万粉丝以内。

这类账号的运营者大多在赚钱之后不愿意继续投入。

想要做大账号，你可以参考以下建议：

- 找到更加精准的定位。你做银饰生意，你就专注地发布银饰内容，不要一会儿发布珠宝内容，一会儿又发布手表内容。
- 提炼爆款视频的特点。在你所有的视频中，哪一个最受欢迎？它有什么特点？你要把它们写下来，以便日后参考。

- 专注于爆款视频的创作。有一个四岁的孤儿（90 多万粉丝）被某杂技团收养，她天资聪慧、勤学苦练、活泼大方。她每天练习杂技的过程及某些重要表演，都被老师以视频的方式发布到快手上。她的视频，几乎每一个都是爆款。对于她来说，练习=表演=视频=爆款=流量。
- 推广“可能会火”的视频。哪些视频可能会火，这是快手的人工智能算法帮你算出来的，你可以大胆地测试广告投放效果。
- 大胆分配直播收入。通过直播赚来的钱，你可以用于员工奖励、设备升级、创意征集、资源整合、课程学习和广告投放等。
- 用心提升个人修养。颜值同样很高，为什么有些人突飞猛进，有些人却劳而少功呢？因为修养不同。同样是面对直播打赏，有些人心存感恩，有些人却逢场作戏；同样是面对“老铁”下单，有些人热情好客，有些人却面无表情；同样是面对大咖合作，有些人一言九鼎，有些人却出尔反尔。说到底，人与人之间的根本差别不在外表，而在内心。

第089招 懂得分钱，才有人愿意跟你走得更远

分钱，本质上就是资源的再分配。

懂得分钱，才能赚大钱。有一本书写得很好，书名是《用好人，分好钱》，该书分享了华为的管理之道和分钱之道。

快手账号要做得更大，一般都需要借助更多人的力量。

借助了别人的力量却不愿意分钱，那么，这样的借力，你顶多只能借一两次，而且你的口碑会因此而受影响。

公众号领域有一个故事：某公司的一个文案人员写了一篇“爆文”（阅读量巨大的文章，多指阅读量10万+的文章），阅读量达到4000多万次，为公司的公众号吸引了80多万粉丝。老板对这件事情感到十分震撼，

直接奖励该员工 10 万元现金和一部最新的苹果手机。

我们读书时，奖状上经常会写着这几个字：再接再厉！

为什么这么写呢？因为学校这次给你奖励，是为了让你未来继续获得优秀成绩或创造奇迹。

有些大网红在直播时，喜欢安排几位搭档在自己的后面一同出镜，目的有如下三个：

- 让搭档露个面，“混个脸熟”，以便下次拍摄视频时更受欢迎。
- 营造团队氛围，提升直播人气。
- 让他们协助自己做好直播。

这些搭档看着大网红开一场直播就能轻松赚几万元至几十万元，不知他们内心有何感受？

孔子曰：“不患寡而患不均。”

一些短视频团队刚开始时一穷二白，靠着大伙的吃苦耐劳，硬生生地闯出了一片天地。这时，如果利益分配不公，团队很快就可能四分五裂了。哪怕大家暂时聚在一起，成员私底下必然有诸多怨言。

团队的分裂对于账号的壮大是有很大影响的。某位大网红（1500 万粉丝，原先团队有十几个人），因为一口气辞退了 80%的搭档，因此，每次发布视频或直播时，总有很多粉丝指桑骂槐。试问在这样的情况下，你还怎样卖货或吸引粉丝呢？

以下是笔者的几个建议：

- 团队里的每个人，角色要清晰，分工要明确。
- 团队成员不可随意自称创始人、负责人、导演、主角或台柱（撑起整个舞台的重要角色）。
- 论功行赏，言出必行。
- 表扬搭档时，要恰如其分，不能言过其实，否则对方容易心生轻慢。
- 取得成绩、获得订单、获得礼物时，要让大家清楚每个人各自的功劳是多少，不能随便拍胸口逢人就说：“这事没你就成不了！”

第090招 现在做大号还来得及吗

笔者认为，短视频在未来的5~10年都会很火。

有些人总是感叹自己“错过了淘宝、微博、公众号”，潜台词就是“若非当年我错过什么，今天一定有出色的成绩”。

醒来吧！做短视频，现在就是大好时机！玩转快手，现在就是大好时机！

只有那些缺乏行动力的人，才会不断地说自己错过了什么。他们大多认为，既然错过了，努力也没用了。

行动起来吧！视频营销时代已经彻底到来了！

非洲经济学家 Dambisa Moyo 曾说：“种一棵树，最好的时间是十年前，其次是现在。”

视频营销时代，人们更希望直观地看到产品的亮点、特点和卖点。

今天的互联网，在任何一个领域，都有丰富的商品。人们要在纷繁复杂的商品中准确地选择自己心仪之物，最简单和高效的方法，就是通过视频或直播更直观、更深层次地感受到商品的特色。

把你的产品与众不同的地方以最唯美、震撼和直观的方式呈现出来，你就能吸引无数精准的粉丝和用户。

那么，现在做快手大号还来得及吗？以下是笔者的一些观点：

- 当然来得及！但是，“来得及”并不代表你可以慢悠悠地去做短视频。为自己的产品拍出唯美和优秀的视频是重中之重。
- 在一个账号中，你不要为了卖货而卖货。如果人们只是想购物，那么他们直接去传统电商平台购买就可以了。今天，人们购物是一种享受。同样是花钱，人们希望花得更开心、更好玩。
- 如果人们只是想看商品的详情页，他们去传统电商平台就可以了，那里有高端、详细的图文介绍。人们越来越喜欢在短视频平台购物，原因是人们更希望与有趣的、有故事的、有特长的卖家打交道。

✌做大号的过程，就是分享价值的过程。成为行业里最愿意分享价值的人（甚至是一开始以付费的形式），你就能吸引越来越多的精准粉丝。

✌短视频时代，做生意会变得越来越好玩、轻松和富有想象力。你应该比用户更加了解自己的产品。如果你能用好玩的方式演绎出该产品的特色，那么，用户就会对你刮目相看。

✌短视频时代，人们不再是用左脑（计算、逻辑、思辨）的理性思维来做生意，而是用右脑（想象、艺术、创新）的感性思维来做生意。

第十一部分

直 播 篇

第091招 直播这样预热，流量稳步上升

直播，是一种全新的表达方式；直播，是一种精彩的表演方式；直播，是一种高效的卖货方式。

把直播做得很好的有两类人：一类是颜值高、有才艺的人；另一类是内心简单、行动力强的人。

有一类人对直播长期持观望态度。这类人有以下特点：感觉自己懂点什么和会点什么，但又感觉直播如同儿戏。

有人喜欢说："那些日赚万元的主播，我看他们也没什么厉害的地方，如果给我几千个观众，我一样能开直播赚钱。"

哪里有人气，哪里就有生意。问题是在直播间，如何才能有人气？

以下是笔者的一些经验：

- 优秀的直播需要预热。
- 通过个人介绍进行预热：操作路径是“账号首页—编辑资料—个人介绍”。你可以在这里注明直播的时间、主题和特色。
- 通过发布视频进行预热：操作路径是“账号首页—发作品—相册—选择视频”或“账号首页—发作品—拍摄”。在直播的两天前发布一个视频，告诉大家自己将于何时直播、本次直播将带给大家哪些惊喜。
- 通过发布图片进行预热：操作路径是“账号首页—发作品—相册—选择图片”，你可以选择相关海报。海报可以在创客贴或图怪兽平台设计。
- 通过发布说说进行预热：操作路径是“账号首页—说说—发说说”，你可以发布视频、图片或文字。
- 如果每一次直播都以发布视频的方式进行预热，那么，一年之后，账号岂不是堆满了直播预热的视频？是否会降低账号的质量？其实，直播结束之后，你可以隐藏预热的视频。如果预热的视频也很唯美，则可以不隐藏。
- 预热的前提是积累精准粉丝。

第092招 巧妙的广告投放，让直播间人气飙升

账号里的作品少于10个时，尽量不要直播，因为你的作品太少，直播时很难留住粉丝。

当每一个作品的平均播放量少于1 000次时，尽量不要直播，因为你的作品质量较低，直播时你容易信心不足。

内心只想着卖货却不了解粉丝的核心需求时，尽量不要直播，因为你的基本工作还没做好，直播时比较容易有“挫败感”。

解决了以上三个问题，你就可以开始尝试直播了。

有人会问：“我没有足够的精准粉丝怎么办？直播还能预热吗？”

答案是：当然能！你可以使用付费的方法更高效地为直播预热。以下是一些经验：

- 发布一个与直播主题相关的视频，购买付费广告。
- 如果你已经发布过多个高质量视频，而且都是在一个月内发布的，那么，你可以同时给多个视频购买付费广告。
- 所有通过广告看到你视频的人，都可能会发现你的视频顶部有一个“LIVE”（直播）按钮，单击该按钮，就可以进入你的直播间。
- 关于付费广告，选对模式才能事半功倍。
- 如果你是实体店老板，要做一场女装直播，那么，你可以使用“同城曝光”，在投放人群设置区的“性别”栏选择“女”，“年龄”栏选择产品受众的年龄区间，“兴趣”栏选择美食、电商或美妆等。
- 如果你的生意是针对全国范围的，那么，你可以使用“发现曝光”，把广告投放给喜欢在发现页看热门视频的人。值得注意的是，你的这个视频必须很精彩，因为它将出现在发现页，与之较量的都是唯美、极致的视频。
- 如果你有足够多的精准粉丝，那么，你可以使用“关注置顶”，把广告投放给自己的粉丝。
- 关注页、发现页和同城页的广告，你可以同时使用或交替使用。

第093招 直播付费推广，如何让观众留下来

在创建直播时，单击页面底部的“小火苗”LOGO，你就可以为本场直播购买“直播推广”服务，以便吸引更多观众进入直播间。

每位观众推广费（快币），是指广告系统成功帮你吸引一位观众进入直播间所需扣除的费用，1 快币（0.1 元）起投。

对于期望增加观众（人数），你可以在 100~99 999 之间任选一个数字。

购买了以上广告服务，你的直播封面将主要展现在同城页上。因此，如果你是做本地生意的、在直播时使用方言的、直播场景选用城市地标的，那么，这种广告服务就更加适合你。

当然，如果你的直播是针对全国受众的，你也可以选择此广告服务。因为同城的这些观众，能够让你更有底气，毕竟大多都是“家乡人”。

由于通过此广告模式进入你直播间的观众大多都是陌生人，因此，让他们留下来是重中之重。以下是笔者的一些经验：

- 直播要有主题，如果主题能够以白板、黑板、卡片等方式展现就更好了。也可以用说话的方式表达主题，只不过直播间的观众是流动的，前面进来的人能听到，后面进来的人可能就听不到了。
- 干货类、培训类的直播要有大纲，最好以白板、黑板、卡片或A4纸等方式展现。
- 有新人进入直播间时，你不需要一直说“欢迎某某人”，否则观众会觉得厌烦，因为观众是来找干货的，不是来听你说“欢迎某某人”的。你的直播要有与众不同的内容。
- 刚开始做直播时，你尽管大胆地去分享干货，不要一直引导观众打赏，要记住一句话：“力不到，财不到。”
- 与粉丝相比，陌生观众更容易离开你的直播间，因此，你直播间的人气可能会“大起大落”。
- 如果你的直播很有价值，而且观众也相当满意，那么，你就可以引导大家关注自己的账号。

- 前期，让你的助理、好友或粉丝有节奏地代表观众提出精准问题，然后你再逐一解答。
- 让你的助理将你分享的核心观点以文字的形式展示出来。
- 节奏感很重要。一场没有节奏的直播会让观众不知所云。
- 如果你已经逐步知道如何留住陌生的观众，那么，下次直播时，你就可以大胆地购买直播推广服务了。

第094招 主播的自我修炼是增加收入的根本前提

对于“吸引观众进入直播间”而言，主播最重要的事情是设计好直播封面。除了“铁粉”，其他大部分人进入你的直播间，往往都是因为封面。

设计直播封面，你可以参考以下几个建议：

- 主题要明确，字体要清晰，字不能太大（如遮住人脸），也不能太小（观众无法一眼看清）。
- 封面主题和直播主题要一致。例如，封面主题是“唱首好歌给你听”，主播却在直播间与粉丝闲聊，这就是主题与封面不一致

的例子。

- 每一次直播的封面，可以一样，也可以不一样。某讲师的直播主题是“短视频创业的 21 堂课”，连续 21 场直播都是讲短视频创业，那么，他每场直播就可以使用同一个封面。
- 封面用词要有个性，要让人“一看就想进入直播间”。

封面设计对于一个优秀的主播而言，只是表层的能力。

主播要把事业做大，就必须苦练内功。你可以参考以下建议：

- 有一个讲师在直播间分享快手电商运营经验，无论观众提出什么问题，他都能精准剖析、对答如流，这就是功力。
- 有一个女主播在直播间讲解国学知识，有时候她微微一笑，沉默一两分钟，观众依然热情地送礼物，这就是功力。她饱读诗书，每天都在研究国学。她沉默时，身上依然洋溢着书香气质。观众便知道她沉默，不是无话可说，而是在酝酿更加精彩的内容。
- 主播练好内功，最重要的方法有两个：一是大量观看同类直播，学习、参考和借鉴；二是大量阅读行业书籍，钻研、梳理和总结。

- 你可能会说："某位女主播只是在直播间与粉丝闲聊，就收获了好几万元的礼物，那种风格不是很好吗？"那是没文化的表现。她得到的收入是短暂的、偶然的。
- 《礼记》有云："君子不失足于人，不失色于人，不失口于人。"直播是一场修行。你在直播间中的每一句话，都可能给别人带来深远影响。

第095招 做一个与众不同的主播，让观众心悦诚服

有一个身高只有 1.2 米左右的男主播阳光、帅气，在快手直播间卖火锅底料，日销百单。他风趣幽默、善良自信，与粉丝交流时，推心置腹，深受粉丝喜爱。

时下有一句名言：“好看的皮囊千篇一律，有趣的灵魂万里挑一。”

在快手，粉丝不喜欢高高在上的主播，他们更喜欢接地气儿、有个性、有文化、有特长和有善心的主播。

总而言之，做一个与众不同的主播，粉丝才会记住你、信任你和支持你。你可以参考以下建议：

- 观看同类直播时，你应该坚持做笔记（可以用思维导图的方式）。
- 你应该将其他主播的经典话语和观众的精彩留言记录下来。
- 你应该观察其他主播如何回答观众提出的尖锐问题，学习他们的应变能力。
- 你应该认真分析其他主播是如何塑造产品热销氛围的，了解促销话术是什么。
- 经过大量学习之后，你会发现自己与那些大主播的差距越来越小。
- 你应该先看到你和大主播之间相同的地方以树立信心，再看到不同的地方以创造特色，这就是求同存异的过程。
- 在确定自己的直播风格之前，要厘清三点：你是否真的热爱直播？你是否真的热爱粉丝？你是否真的热爱自己的行业？
- 如果你真的热爱直播，当你通过手机摄像头看到自己的样子时，你就会心生欢喜和充满激情。
- 如果你真的热爱粉丝，你就会愿意为他们准备丰富而震撼的直播内容。
- 如果你真的热爱自己的行业，你就会有源源不断的动力和灵感。

- 为了锻炼自己的直播能力，你可以在直播时使用直播伴侣等工具进行录屏，然后反复观看和推敲。
- 前期，你可以在 10:00、15:00 和 20:00 三个不同时段分别测试直播效果，然后找到自己状态最佳的时段，确定下来，以后坚持准时直播，培养仪式感。

第096招 做好充足的准备，让你的直播惊喜连连

学习过演讲的人都知道即兴演讲是很难的。一场重要的演讲，演讲者一般都要准备好几天。

史蒂夫·乔布斯的演讲能力非常强。他在每一场产品发布会之前都会练习和彩排好几次。他还要视察场地，并要求现场的每一个细节都做到尽善尽美。

这就是史蒂夫·乔布斯对待演讲的态度。

当一个人以朝圣之心对待演讲时，他将所向披靡。

直播是互动性很强的线上演讲、表演、展示或报道。

如何为直播做好充足的准备？你可以参考以下思路：

- 每个月你都要设定当月的直播目标，例如，直播能力要练到什么水平，要吸引多少粉丝，要成交多少个订单。
- 将每月的大目标细化为每个星期的小目标。
- 围绕每个星期的小目标确定直播的次数和主题。
- 将本星期的直播主题全部罗列出来，填写在账号简介中，以便粉丝了解你的直播计划。
- 开始为最近的一场直播做准备。
- 如果是知识类直播，那么你要准备好主题、大纲、故事、案例、观点、金句、白板、小卡片和思维导图等。
- 如果是卖货类直播，那么你要准备好产品、灯光、站台、服饰、道具、货物清单、礼物和销售话术等。
- 如果是唱歌类直播，那么你要准备好麦克风、耳机、歌曲、歌词、曲目列表、歌曲介绍和创作故事等。
- 一场直播，主播有没有做好准备，观众是一目了然的。
- 准备充足的直播节奏感强，主播影响观众；缺乏准备的直播，节奏凌乱，观众影响主播。

第097招 设置好“直播心愿”，让收入翻倍

作为一个主播，很多时候你不适合或不方便主动邀请观众给你送礼物，因此，“直播心愿”这个功能就能高效地发挥作用了。

“直播心愿”就是主播创建这场直播时的礼物心愿。

每一场直播，你都可以创建三个心愿（设置路径：直播创建页面—右上角的三个点—直播心愿—添加心愿—生成心愿）。设置好之后，在快手直播间的左上角会自动展示你的这三个心愿，不断轮播。

轮播有其精妙之处，它会不断提醒观众该主播的心愿是什么以及还有多少个心愿未实现。

如果你的直播表现让观众满意，他们就会积极地给你送礼物，以帮助你实现心愿。

有了这个功能，主播可以专注地分享内容，不需要多次为“提醒观众送礼物”而分心。以下是笔者总结的一些经验：

- 当你直播的平均人气很低时，心愿越简单越好，越容易实现越好。
- 如果人气不旺，你却“设置”了很大的心愿（如 100 支“穿云箭”，总价为 288.8 元/支×100 支=28 880 元），那么，当没人给你刷这么多礼物时，你就会很尴尬。
- 人气很高，你却“设置”了很小的心愿（如 1 朵玫瑰，相当于 2.8 元），观众会觉得你在开玩笑。
- 当有人送礼物帮助主播实现了心愿时，直播间会自动提示“主播的某个心愿已经实现”。这时，你可以感谢帮你实现心愿的观众。
- 心愿清单在次日早上 6:00 失效。
- 每个心愿，都可以添加 8 个字以内的介绍，如你可以写“承蒙厚爱”。
- 设置心愿时，你可以参考上一次直播的实得礼物情况。

第098招 用好“离线挂榜”功能，让直播间更受“土豪”欢迎

“离线挂榜”是指直播间中给你送礼物最多的三个人即使离开了你的直播间，他们的头像依然可以出现在排行榜的前三名。

“离线挂榜”功能的设置路径是直播创建页面—右上角的三个点—离线挂榜—开启离线挂榜功能。

如果你没有开启这个功能，那么，无论“土豪”（直播间中豪爽送礼物的观众）给你送了多少礼物，当他离开直播间之后，他的头像将自动在右上角“在线观众排行榜”中消失。当他重新回到你的直播间时，他的头像又会自动出现在排行榜中。

这个功能的意义如下。

- 有些人给你送礼物，就是为了吸引你或粉丝的关注，因此，大多数“土豪”都希望自己的头像一直出现在排行榜中。
- 如果“土豪”来者不善（如同行多次刷榜以吸引你的用户关注他的账号，争夺粉丝资源），那么，你可以关闭此功能。
- 如果“土豪”心怀善意（纯属支持或不存在明显竞争关系），你就可以开启此功能。
- 如果你根本不在乎“土豪”刷榜的目的，只要有人送礼物，你就心存感激，那么，你可以开启此功能。
- 如果有的“土豪”给你送了很多礼物然后离开，当他发现你关闭了“离线挂榜”功能时，他可能就会有些失落，因此，他再次送礼物的积极性就会降低。
- 如果“土豪”知道你开启了“离线挂榜”功能，那么，你直播间的“在线观众排行榜”就变得更有价值，因为排行榜前三名的人将赢得更多粉丝的关注。因为排行榜是“保值”的，所以“土豪”就更加愿意送礼物。

第099招 两个神秘功能，能够帮你增加收入和粉丝数量

第一个神秘功能是“我也加入”（粉丝团自动邀请新人加入的功能）。

当有人加入你的粉丝团（价格一般为60快币，相当于6元）时，他的加入信息就会自动出现在直播间下面的聊天记录中。其他观众会看到这条信息后面出现了一个高亮的按钮“我也加入”。这个功能有以下作用：

- 清晰地提醒观众：有人加入了粉丝团。
- 帮你吸引更多观众加入粉丝团。
- 将加入粉丝团的付费入口不断展现出来。

直播，最重要的就是氛围。观众看到有人加入了粉丝团，有一部分人会因为感兴趣而付费。

第二个神秘功能是“我也关注”（系统提示观众“有人关注了主播”的功能）。

当有人在观看你直播时关注了你的账号，他的关注信息就会自动出现在直播间下面的聊天记录中。其他观众会看到这条信息后面出现了一个高亮的按钮“我也关注”。这个功能有以下作用：

- 清晰地提醒观众：有人关注了该主播。
- 帮你吸引更多观众关注你的账号。
- 将引导观众关注的行为变得场景化，提升关注率。

很多主播正是因为此功能，通过直播积累了大量的精准粉丝。

快手的很多功能都很神奇。我们在玩快手的过程中，要细心地体会、思考，运用好每一个重要的功能。

第十二部分

电 商 篇

第100招

传统电商，与其遍体鳞伤，不如华丽转身

这里所说的传统电商，是指十五年来网络上主流的电商模式。一种模式出现得久了，竞争的人越来越多，机会就变得越来越少。无论你多么了解运营，你都将越来越明显地感受到瓶颈。做着做着，你可能会发现创业失去了乐趣。你可能每天都很忙，但事业却难以实现跳跃式的发展。

传统电商有以下劣势：

- 商品价格竞争越来越激烈，利润越来越低。
- 竞价广告的价格越来越高。
- 部分同行“刷单”，形成恶性竞争。

✌详情页千篇一律，缺少展示个性的机会。

✌依赖于公域流量，商家很难沉淀自己的私域流量。

✌商家的成就感和幸福感越来越低。

快手电商有以下优势：

✌你可以全身心地热爱自己的行业和产品。只要你做出优秀的视频，快手就会免费匹配精准的流量给你。

✌广告价格远低于传统电商平台。

✌同行之间不是价格竞争，而是创意竞争，这是良性的竞争，大家越竞争越有创意。

✌你可以更加立体、全面地展示自己的产品和人品。你可以通过短视频分享你的创业故事，从而给粉丝留下独特而深刻的印象。

✌视频、直播、电商，三者相辅相成，彼此赋能。做好视频，就能成就直播；做好直播，就能成就电商；做好电商，就能反哺视频，因为你有了更多的资金投入视频创作中，从而形成良性循环。

✌粉丝认货，但更认人。粉丝对你知根知底，对你的信任感越来越强，转化率越来越高。

✌你可以沉淀自己的私域流量。

✌你可以拥有跳跃式的发展机会。

✌商家的成就感和幸福感越来越强。

当然，传统电商也有其优点，只是随着时间的推移，商家的发展空间越来越小。每个人都有自己的优势，根据自己的优势选择最适合自己的平台，才能事半功倍，无愧于青春。

第101招 那些爆单的电商，大多数都这么运营

爆单，是指某个商品卖得很火爆，订单成交量很高。

爆单没有特定的标准。对于小主播来说，一天成交 100 单，就算爆单；对于大主播来说，一天成交 1 000 单，也不一定算爆单。

爆单对于快手电商来说，是成功的表现。经过前期那么多的努力，某一天终于爆单了，意味着该电商已经打通了快手创业的整个流程。这才是那些爆单的电商欣喜若狂的原因。

流程一旦被打通，形成良性循环，商家就可以不断地追加源头的投入，最终实现更多的产出。

笔者长期研究快手上的大电商，发现他们都很擅长运营工作，以下是笔者的一些总结：

- 敢于亮相：着重宣传自己产品的厂家或原产地。
- 敢于吃苦：用心走好亲民路线，树立艰苦奋斗、善良诚信的形象。
- 敢于拍摄：全面地、深度地演示产品特点，并且持之以恒。
- 敢于付出：为吸引精准粉丝，愿意付出一切努力，如秀才艺、刷礼物、谈合作、投广告等。
- 敢于“亮剑”：敢于通过直播推荐自己的产品，并且高频率地直播（如每天直播4～8小时）。
- 敢于让利：擅长找爆款，了解粉丝的喜好，经常推出性价比很高的产品以供粉丝秒单（瞬间购买）。
- 敢于预热：在直播之前要提前一两天预热，并且投放关注页、发现页和同城页的广告。
- 敢于借力：在直播时敢于发红包，快速营造热销氛围。
- 敢于吃亏：对于每一场直播，你都要设定好引流款产品和利润款产品。引流款产品利润微薄，甚至略亏。

- 敢于促销：引流款产品卖完之后，引导观众购买利润款产品，同时介绍赠送方案，如买一送五（买一件男装，送帽子、袜子、手套、剃须刀、眼镜布）。
- 敢于造势：爆单之后，仓库的地板上堆满包裹，你可以通过视频的方式通知所有客户今天准时发货，同时向所有潜在客户展示自家产品的热销程度，树立行业地位。
- 敢于放大：整个创业流程涉及的人、事、物，需要追加投入的，你应该大胆投入。

第102招 快手小店的一些运营思路

快手小店是快手为用户提供的电商平台。与其他电商平台相比，快手小店的入驻门槛更低。

快手小店的商品链接可以嵌入在视频和直播间的底部。有了此功能，用户可以一边创作视频一边卖货，也可以一边直播一边卖货。

你可能会问：这样的功能，其他短视频平台也有啊，快手小店有什么神奇之处吗？

快手小店是否神奇，取决于你对快手的理解。笔者在研究快手小店的过程中总结了以下观点和经验：

✌快手视频的广告成本低，意味着快手小店的获客成本低。

✌你可以在优秀、唯美的视频中嵌入产品链接；在普通、低俗、平庸的视频中就不要嵌入产品链接了，因为你的视频无法感动客户。

✌价格在100元以下的产品更受欢迎。

✌你可以在视频中嵌入产品链接，以此来测款（测试哪一款产品更受欢迎）。在直播时可以着重介绍比较受欢迎的产品。

✌当然，你也可以通过直播来测款，以后发布视频时，再嵌入比较受欢迎的产品链接。

✌相对来说，客户在直播间下单时比较感性，通过视频链接下单时比较理性。

✌快手小店首页的订单总数能够彰显店铺的综合实力，因此，前期你可以多推广性价比较高的产品，增加订单数量。

✌前期，你要针对同一款产品创作多个视频，只有足够专注才能创作出优秀的视频。

✌前期，你应该把流量尽量引到同一款产品上。

✌卖好一款产品，再发布其他产品。客户进入你的店铺，如果发现很多产品都是0销量，那么，他们的购买热情就会降低。

第103招 快手知识付费带来的蓝海

快手的知识付费功能是培训行业的福音。

笔者研究过几十个不同的知识付费系统，它们每年的费用为1 999~10 万元。它们功能强大，用户体验也好，近乎完美。然而，它们都有一个硬伤：没有客流。

没有精准的客流，系统再完美也没用。

快手的知识付费功能依托庞大的真实流量，为视频创作者提供了通过付费内容变现的机会。

任何一个专家，无论来自哪个行业，一般都有自己长期积累的经验。这些经验，如果全部以免费的方式分享出来，则无法变现，他们的创作就难以持续进行。

快手的私域流量让专家随时可以高效地触达粉丝，因此，卖课程成为了效果极佳的变现方式。

那么，我们如何更好地把握快手知识付费的机会呢？大家可以参考如下几点建议：

- 打造专家形象，以专家的身份输出高质量内容。
- 专注于一个细分领域，争取成为该领域内前十名的专家。
- 对自己的内容要做一个规划：哪些是免费内容，哪些是付费内容。
- 付费内容要有层次设计，如入门课程、进阶课程、高端课程。
- 前期，推出一套 1 元的课程以打造知名度；中期，推出一套 9.9 元的课程以培养学员的忠诚度；后期，推出一套 99 元的课程以保证收入稳定。
- 直播时，以专家的身份分享行业干货，你的付出和努力，观众就能够感同身受。一场直播下来，你可能会成交大量订单或收到很多礼物。
- 你可以创建快手交流群，邀请付费学员进群。
- 推出新课程时，你可以在快手群通知老学员。

- 在直播时告诉观众：付费学员可以通过连麦的方式直接向老师咨询问题，老师将进行详细的解答。
- 干货类、培训类的直播最好在白天进行，这样会更受欢迎，因为晚上的竞争太激烈了（很多大网红和大电商都会在晚上的黄金阶段进行直播）。

第104招 性价比高是销量稳定的根本原因

与其在传统电商平台花重金砸广告，不如在快手平台让利给粉丝。

无论是课程还是产品，想要赢得大量的订单，前提都是产品要有高性价比。对于高性价比的产品，在快手小店和直播间展现时，你可以将其设置为第一位。

如果你是一名讲师，你可以将课程的核心内容做成思维导图印刷出来。当你在直播间宣传该课程时，可以将这个思维导图直接展示给观众看，让他们知道购买这套几十元的课程，就能学到如此丰富的内容。直观地呈现你的课程优势，观众就更容易心动。

笔者有一个朋友专门做手串，他主打 19.9 元包邮和 39.9 元包邮的两款产品，日销 500 单。这位朋友跟笔者说："这两款产品基本上都不赚钱，只是赚人气，但是，购买过这两款产品的客户中，有 30%的客户会复购，客单价 300 元左右，这才是我真正赚钱的地方。"

高度垂直的供应链更容易成就高性价比的产品，笔者的这个朋友所在的城市就是手串的批发基地。

有一个快手电商专注于卖首饰，平均日销 3 000 单。她的直播有以下几个特点：

- 每一款首饰限量 20 件，卖完即换下一款。
- 限量、限款、限时。主播演示产品时，客户喜欢就拍下，有疑问就立即咨询。A 款式介绍完毕，主播介绍 B 款式时，与 A 款式相关的问题，主播将不再解答，确保直播快节奏、高效率地进行。
- 低价款销售完毕，再介绍高价款。

第105招 要对得起客户的每一分钱

那些在直播间疯狂下单的“老铁”，并不觉得自己花了很多钱，相反，他们觉得自己省了很多钱。他们通过主播的视频和直播，了解了那些产品的“前世今生”（生产环境、生产流程、质量控制、客户案例和产品特色等），因此，他们下单的速度快得惊人。这并不代表他们很有钱，而是代表他们相信你，本质上，他们是相信自己“亲眼所见”的产品。

大部分人的钱都来之不易。因此，在决定是否购买产品时，他们或许就会思考这个产品是否对得起自己支付的钱。

通过视频和直播培养客户的信任感，其实就是让客户清晰地感受到这款产品的每一个因素都对得起自己的每一分钱。

有一个大电商通过快手直播仅用一天就完成了 1.6 亿元的营业额。他在直播中明确地告诉客户：每一单，我只赚 1 毛钱。

看到这里有人可能会感到疑惑，一单才赚 1 毛钱，10 万单才赚 1 万元，似乎也没什么了不起的。

“醉翁之意不在酒”，大电商的每一次活动都是精心策划的，每一个数字背后必有其意义。以下是笔者的分析：

- 通过一场直播卖出 1.6 亿元的产品，就奠定了他在快手平台的地位。
- 这种现象级的直播卖货案例，必定会被许多媒体广泛宣传，广告费可以节省不少。
- 从此不再是自己找资源，而是资源来找自己。
- 可以吸引更多人代理自己的产品，做深做大，进行渠道布局。
- 赚得越少，口碑越好，日后通过销售其他产品实现赢利。

总之，在快手上，无论你是大电商还是小电商，你都必须让客户深切地感受到你对他的尊重。

有人说：“庄稼半年熟，生意十年缘。”庄稼种半年，可能就成熟了。但是，真正的大生意和大合作，需要十年的缘分才能成就。当然，你也可以将后半句理解为“做生意要有长远心，要用十年的眼光去珍惜每一段缘分”。

第106招 谁说卖家不能唱歌跳舞

在传统电商平台，你听说过哪个卖家喜欢唱歌、跳舞吗？

但是在快手平台，你会发现大电商可能也是大网红，大网红可能也是大电商，卖家可能会唱歌、跳舞，网红可能会带货、卖货。

多少人，因为传统电商平台的局限算法（某部分算法甚至可以称为自私算法），放弃了生活应有的温暖和乐趣。

在快手做电商，你要成为一个富有想象力的人，而不是一个脑子里只有各种数据的人。

在传统电商领域，卖家每天最重要的一件事就是看数据，看各种各样的数据。

数据看多了，人就会变得越来越现实。

快手，让我们看到了一种全新的电商模式。人们可以不再为生活所迫而放弃梦想。人们可以做自己擅长的事，卖自己喜欢的货，走自己喜欢的路。

泰戈尔有一句诗：你不必一路采集花瓣，你只管一路前行，前方自有百花为你绽放。

作为快手电商，你可以比卖货的同行更会唱歌，也可以比歌手更会卖货。你可以开心、尽情地做好自己。你就是你，你是不一样的烟火！

第107招 借船出海，借梯登高，快人一步

快手上有一个木匠（300 多万粉丝）擅长借力。他的产品是木雕，但他的思维并不局限于木雕。他擅长将自己的作品与时事热点高度结合起来。

天气热了，他就用木头雕刻一双凉鞋；世界杯来了，他就用木头雕刻一个足球；《哪吒之魔童降世》火了，他就用木头雕刻一个哪吒……

他总能将自己的作品与当下的热点巧妙地结合，这就是借力。

别人的粉丝，有一部分也可以成为你的粉丝，只要你的作品与他的热点结合在一起就行。

在快手创业，借力的方式有很多种，以下是笔者总结的一些借力方式。

- 借力热门活动。
- 借力热门功能。
- 借力时事热点。
- 借力热门段子。
- 借力工厂的生产优势。
- 借力农民的原产地背书。
- 借力美女、帅哥的超高颜值。
- 借力他人的拍摄场地。

时代如此美好，资源如此丰富，大胆去借力吧！走出自己的小圈子，放眼整个平台，跟那些可能有机会合作的人聊一聊。你可以参考以下方式：

- 在自己的账号简介中注明合作要求。
- 通过私信联系潜在的合作者。
- 认真评论他人的视频，提出想与其合作的建议。
- 发布视频，诚邀英才。
- 加入别人的快手群，整合行业资源。
- 参加相关课程，走进全新的圈子。

第108招 在快手创业，如何快速变现

如果你曾被人伤害过，你就会更加珍惜那些从未伤害你的人。如果你曾被某些平台抛弃过，你就会更加珍惜那些从未抛弃你的平台。

快手对于崇尚真、善、美的创作者，有着“不抛弃，不放弃”的态度。

或许，你可以在其他短视频平台看到颜值极高的小哥哥、小姐姐，但是你可以在快手看到来自五湖四海、血脉相连的人。

或许，你可以在其他短视频平台看到某些大网红赚得盆满钵满，但你可以在快手看到数以千万计的小网红、小主播成功变现。

关于变现，你可以参考以下思路：

- 你的账号名称要有行业代表性，可以用“人名+行业词汇”的模式，如俊雅红茶批发、俊雅童装批发、俊雅亲子装、俊雅短视频培训、俊雅视频电商。
- 快手上的变现模式主要有三种：卖产品，卖课程，收礼物。你要综合分析，看看自己更擅长哪种变现模式。
- 快速变现的基本流程是：快速创作优秀的视频——快速吸引精准粉丝——快速确定变现模式——快速变现。
- 如果你要卖产品，那么，不要第一时间就想到要卖衣服，因为服装行业的竞争很激烈。当然，如果你真的在服装领域有优势就另当别论了。不要以为在城市更容易赚钱。笔者有很多朋友为了做好快手电商，纷纷回到农村，因为农村有美丽、自然、清新的环境及相应的农产品货源优势。
- 如果你要卖课程，那么，你可以在快手知识付费平台看看哪些课程最受欢迎、定价如何、大纲是什么、优势是什么，然后你可以结合自己的优势，推出精准的课程。设计系列课程，最好是一套课程 10 节课，每节课 8 分钟，定价 100 元以内，越便宜越好。

✌如果你要做网红、秀才艺、收礼物，那么，你要设计一个与众不同的人设。摆姿势、秀表情、耍酷、卖萌已经行不通了，要做出自己的特色（例如，正能量+有内涵+古风+走心+个性=某一种独特的风格），你就必须志存高远。

未来已来，你准备好了吗？踏着星光出发，祝愿你“归来仍是少年”！

图书在版编目（CIP）数据

108招玩转快手 / 郑俊雅著. —北京：电子工业出版社，2019.11
（数字化生活·新趋势）
ISBN 978-7-121-37537-8

Ⅰ. ①1… Ⅱ. ①郑… Ⅲ. ①视频－营销 Ⅳ. ①F713.3

中国版本图书馆CIP数据核字（2019）第213783号

责任编辑：刘声峰　　　文字编辑：杨雅琳
印　　刷：三河市鑫金马印装有限公司
装　　订：三河市鑫金马印装有限公司
出版发行：电子工业出版社
　　　　　北京市海淀区万寿路173信箱　邮编 100036
开　　本：720×1 000　1/16　印张：18　　字数：202千字
版　　次：2019年11月第1版
印　　次：2019年11月第1次印刷
定　　价：65.00元

凡所购买电子工业出版社图书有缺损问题，请向购买书店调换。若书店售缺，请与本社发行部联系，联系及邮购电话：（010）88254888，88258888。

质量投诉请发邮件至zlts@phei.com.cn，盗版侵权举报请发邮件至dbqq@phei.com.cn。

本书咨询联系方式：39852583（QQ）。